21世纪图书馆学丛书(第4辑)

瞧,那些知名的海外图书馆

主　　编:赖雪梅　姜火明
参编人员:袁　江　李　漓
李　晓　孙莉薇
白玉静　解　慧

海洋出版社
2014年·北京

内 容 提 要

从2010年初《图书馆报》发刊时候起，为给图书馆界同仁借鉴海外图书馆建设和阅读推广经验，《图书馆报》特别开辟了“海外馆情”栏目，每期一版。3年来，“海外馆情”栏目中的海外图情信息已蔚然大观，虽不可能全面，但颇成规模，且受到欢迎，成为《图书馆报》亮点之一。为此，特将该栏目中有关海外各级各类图书馆的形象集中展现出来，汇成本书。

图书在版编目(CIP)数据

瞧，那些知名的海外图书馆/赖雪梅，姜火明主编．—北京：海洋出版社，2014.5
(21世纪图书馆学丛书．第4辑)
ISBN 978-7-5027-8819-3

Ⅰ.①瞧… Ⅱ.①赖… ②姜… Ⅲ.①图书馆-介绍-世界 Ⅳ.①G259.1

中国版本图书馆CIP数据核字(2014)第038636号

责任编辑：杨海萍
责任印制：赵麟苏
海洋出版社 出版发行
http://www.oceanpress.com.cn
北京市海淀区大慧寺路8号 邮编：100081
北京旺都印务有限公司印刷 新华书店北京发行所经销
2014年5月第1版 2014年5月第1次印刷
开本：787 mm×1092 mm 1/16 印张：18.25
字数：248千字 定价：40.00元
发行部：62132549 邮购部：68038093 总编室：62114335

主编弁言

《21 世纪图书馆学丛书》主要特点是注重图书馆实践，选题务实、新颖、信息丰富、密切结合图书馆工作实际。该丛书第一、二、三辑出版以来，深受广大图书馆工作者的欢迎。

该丛书第四辑涵盖面较为广泛，共有 6 册，所涉及范围包括上海图书馆副馆长周德明研究馆员主编、上海图书馆采编中心以及上海市图书馆学会信息资源组织分委员会编著的《RDA：从理论到实践》、《数字图书馆论坛》主编顾晓光编著的《拥书权拜小诸侯——图书馆馆长访谈录》、美国南康涅狄格州立大学刘燕权教授著的《数字知识宝库纵览——美国数字图书馆案例精析》、杭州图书馆研究馆员李明华著的《规划设计图书馆建筑要旨》、《图书馆报》主编赖雪梅、姜火明编辑的《瞧，那些知名的海外图书馆》以及《图书馆专业英语最低限度词汇》。所有这些选题，都是图书馆员思考讨论的所在。相信这些务实的专业论著的出版，对图书馆现时的工作、图书馆事业未来的发展，一定会有所帮助。

丘东江

2014 年 3 月于北京

序言

《图书馆报》的名牌栏目之一“海外馆情”出书了。得到丘东江老师的书稿邀约时，《图书馆报》编辑部的全体同仁都很兴奋，但也并不很意外。因为在这之前，《图书馆报》的另一个代表性栏目“精英访谈”也曾出书，名为《图苑名家访谈录》，也是丘东江老师促成的。在此，当然要感谢丘东江老师的提携、海洋出版社的辛勤工作。自然，也要感谢4年来（2010～2013）“海外馆情”栏目的各位作者，正是他们的积极配合、费心编译，才让这个栏目呈现出独特的色彩。

请允许在这里列上他们的名字：吴昕、李忠东、马骊、崔春、李伟、张丽、聂凌睿、郭昊祎、马一萍……

这本书——《瞧，那些知名的海外图书馆》的汗水中他们占了绝大部分。正如南朝诗人谢灵运称颂曹植的文才时所说：“天下才有一石，曹子建独占八斗”。那么，如果说《瞧，那些知名的海外图书馆》所包含的心血有一石的话，这几位作者就应占去八斗。《图书馆报》编辑部虽有策划组稿编辑之功，但客观地说也就应该占有二斗之功，这么说绝非客套话，而是恰当的。

毋庸讳言，就图书馆建设经验和视角眼光来看，我们与国外发达国家还差了一筹，即便是国外不少发展中国家，在图书馆方面值得我们学习的都不少。因此，时时注意海外图书馆的建设动向，不论是静态的还是动态的，都非常有意义，此外还会非常有趣。《图书馆报》的正式创刊是在2010年1月1日，创刊首期便在最后一版彩色版为图林同道呈现了“海外馆情”专版，既算打开了局面，也意味着一发而不能收。

4年来，《图书馆报》版面不论是大变还是小变，不变的总有“海外馆情”这张熟悉面孔。读者们读完每期的大事小情，总能在最后一页通过欣赏“海外馆情”换一换别样口味，体会一下异域图林风情。这里面所编译或者国内图林人士亲历所写的文章各种各样，有静态的别国知名图书馆描述，有图文并茂的别样另类图书馆的展示，有具代表性的海外知名图书馆举措方略综述，有海外图情事件的简要集束，还有国内图林行者的海外图书馆游记。虽然说4年来的内容难以概括真正海外图书馆情形的百分之一，有愧于“海外馆情”这个大气的称谓，但我们尽力了，难得的是还受到很多图林人的好评。

确实，文字编译的辛劳还是被很多人所认同的，那也就是说“海外馆情”这个栏目没有功劳也有苦劳。此外，《图书馆报》编辑部还深深感受到，为国内的图书馆建设作出一定的贡献和辅助宣传工作虽不容易，但只要在做，就会得到图林同道大度的赞许和鼓励，甚至还会不吝溢美之词，对此令人很受感动。

《瞧，那些知名的海外图书馆》的面市虽不会在图林掀起哪怕是小小的波澜，但也算是为国内图书馆建设的某一侧面添砖加瓦了，对此《图书馆报》编辑部已很知足。甚至于，将来读过此书的读者朋友们若产生共鸣，也以实际行动支持我们并加入编译者的队伍中来，就更是一件幸事，它无疑将会使“海外馆情”这个栏目的内容更丰富，也会使未来《瞧，那些知名的海外图书馆》的续篇（如果有机会的话）更有可读性。

是为序。

江　水

2014 年 1 月 15 日

目录 Contents

阿尔巴尼亚国家图书馆：文化宫的一部分

阿尔巴尼亚国家图书馆的历史最早可以追溯到1917年。当时该馆仅有6 000册藏书和资料，也没有独立的馆舍，栖身于教育部大楼。为了增加馆藏，政府部门发出了一个通告，要求所有出版商向该馆缴送两册出版物。第一次世界大战结束时，已经拥有15 000卷藏书。伴随着藏书的增长和有关图书馆活动的开展，其设施也有所更新，1966年该馆的主体部分迁入文化宫。文化宫内共有三个机构：歌剧院、文化商业中心和国家图书馆的重要馆藏及各部门。

阿尔巴尼亚国家图书馆是全国图书馆员职业训练及资格授予中心。从1969年起，该馆组织两年一期的非全日制图书馆员培训课程。同时根据全国各类型图书馆对图书馆学和情报学研究的不同需求，组织各式各样的研讨班。为此，该馆还出版各种涉及资格证书考试的教科书、培训手册以及图书馆通报。1959年，成立了书目组，书目组定期出版期刊文章题录和国家书目，同时编辑回溯性书目。为尽力收集由于各种原因在海外出版的阿尔巴尼亚文书刊，并编辑专门书目。1986 年，成立了文献整修部，定期对文献进行检查并采取相应措施，及时脱水脱酸，拯救了濒危文献。作为全国唯一的图书修复中心，该馆还承担对全国各图书馆资料进行修复的任务。1989 年，阿尔巴尼亚国家图书馆开始引进《英美编目条例第二版》，并于最近采用了国际十进分类法。

根据缴送法，该馆的任务是保存阿尔巴尼亚的文化遗产和文献资料。近年来，在收集外国文献方面得到各类基金会及各国使馆与私人给予的很大帮助，与此同时还与世界上 60 多个图书馆建立有交换关系。该馆目前共有馆藏 100 余万册，书刊种类数已达 10 万种，供读者使用的阿尔巴尼亚出版物有 346 400 册，外国出版物有 522 000 卷。其中，藏有本国文字的早期（16 ~ 17 世纪）出版物、摇篮本、手稿及古代希腊和拉丁作家的著作共 2 050 卷，包括善本珍藏和最早的阿尔巴尼亚文报纸。阿尔巴尼亚国家馆注重收藏与阿尔巴尼亚历史、语言、民俗及文化有关的国内外出版物。

阿根廷国家图书馆：阿根廷出版物的总库

阿根廷国家图书馆的前身为布宜诺斯艾利斯公共图书馆于1810年9月7日根据五月革命政府委员会的命令建立的。1823年有藏书17 000册，19世纪60～70年代与欧洲图书馆界建立起联系，从国外获得大量优质的图书文献，1882年藏书达到32 000册，1884年全部资产移交给国家，同年10月5日，按照议会法律更名为现名。20世纪50年代以来，除了馆藏增加，还建设了新的图书馆馆舍。新馆于1971年10月13日奠基，后几经周折，1992年才落成，当时的总统梅内姆于当年4月10日为图书馆新馆剪彩，1993年正式投入使用。新馆在地下有三个书库，其中两座可收藏图书300万册，另一座为报刊库，可存放报刊50万卷。主阅览室有400个座位，研究参考阅览室可收藏5 000卷参考书。全馆使用计算机集成管理系统，书刊的传递使用货梯及传送装置。报告厅可容纳300人。

阿根廷国家馆是阿根廷出版物的总库，负责保存图书、期刊、地图和声像资料；为促进国家文化事业而编辑书目、交换并开展图书利用，对图书馆员进行职业培训，通过数字和卫星网络与其他图书馆及信息中心联系，开展国内外合作；满足来自边疆及各省学校、医院、退休人员中心等机构想建立图书馆的愿望及民众社区的阅读需求，并向他们提供图书资料。阿根廷国家图书馆藏书丰富，是阿根廷全国最大的图书馆和拉丁美洲重要的图书馆之一。该馆拥有藏书 190 万卷；现刊 22 000 种；摇篮本 21 卷；学位论文 20 000 件；乐谱 40 000 件；地图 30 000 张；录音资料 30 000 件。其中包括 20 部古版书，著名的有 1484 年但丁的《神曲》；1607 年出版的《唐·吉诃德》以及许多重要的阿根廷作品。阿根廷国家馆接受各机构以及私人的各种形式的资料捐赠；与国内外各国家馆、国家档案馆、研究中心、学术机构、基金会、大学开展文献交换，目前与 400 个机构建立有交换关系。其报纸图书馆收藏有丰富的国内外杂志，最早的出版于 1801 年，现正在对报刊、舆图进行扫描和缩微化。

阿拉伯图书馆：以大峡谷为原型

和自然环境巧妙配合

阿拉伯图书馆（Arabian Library）位于美国亚利桑那州斯科茨代尔市，由理查德－多尔建筑事务所设计。建筑师的灵感来自于美丽的科罗拉多大峡谷，他们抓住了身在峡谷里独特而强大的感官体验，对周围的场地和环境做出积极的回应。阿拉伯图书馆以峡谷和沙漠为原型，成为一个天然砂岩峡谷的缩影，充分展现出设计者对于这片自然环境的欣赏和敬畏。

科罗拉多大峡谷位于亚利桑那州北部，平均深度1 200米，宽度6～29公里不等，经过科罗拉多河数百万年的冲击而形成，1979年被列入世界遗产。沙漠是亚利桑那州另一种著名的景观，平坦的地貌上生长很多如仙人掌的旱生植物。其中大部分属于索诺兰沙漠，西部一小部分归莫哈韦沙漠。夏季异常炎热，但冬天温度温和舒适。特别值得一提的是位于亚利桑那州中部的彩色沙漠，面积约1.9万平方公里。它地势起伏，大部分地区为海拔 1 500 米以上的沙漠荒野，中间夹杂有孤山、台地、小丘和河谷。由于当地温度差别极大，最高时 41℃，最低时达 －30℃，致使风化作用强烈，使光秃地崖壁出现各种奇形怪状的造型。在阳光的照耀下，加上热、光和沙尘的作用，沙漠像染上了各种颜色，呈现出蓝色、紫水晶色、黄褐色、红色、淡绿色或灰色。随着阳光照射角度的改变，沙漠色彩不断变化，色调浓淡不一。在热气蒸腾之下，这些色泽又会凝聚成各种颜色的烟雾，闪闪发光。尤其雨过天晴，颜色更加鲜艳明丽。整个沙漠五彩缤纷，辉煌灿烂，形成了罕见的自然奇观。斯科茨代尔市位于利桑那州中南部，具有典型的美国西部风格，曾被美国《纽约时报》描述为“迈阿密南海岸的沙漠版”。

理查德－多尔建筑事务所打造的阿拉伯图书馆反映出北部亚利桑那州长长的峡谷，和这一带颇具特色的自然环境巧妙配合，达成默契。预锈钢板构成的外立面以及土色的石头屋顶和周边的砂石色调相近，屋顶上面种植的当地植被和两个屋顶花园里面的沙漠树种，凸现出独特沙漠上的景观。外墙面上雕刻的沙漠植物让图书馆更显苍凉，完全融入周边的环境之中。馆舍围绕一个中心的院落展开，由钢板和玻璃组成的狭长通道，如同自然的河水侵蚀而成的“峡谷”。钢板墙支撑着黏土和石头屋顶，偏离入口小径朝着天空打开。中心庭院里遍布砂石和特有的沙漠植物，让读者在读书之余欣赏景色，放飞心情，领略峡谷和沙漠的魅力。

与读者近距离接触交流

为了达到绿色建筑（LEED）认证中的银牌奖项，阿拉伯图书馆主要用当地的材料建造，像生锈的钢材、花岗岩和回收绝缘棉等都来自附近的城镇。为了提倡使用可更换能源的汽车，建造充电站。对以前的一个建筑物稍加改造，重新用作停车场。天花板用的是回收的穿孔中密度纤维板，悬挂的照明器具可以根据需要移动。为应对当地并不理想的天气，建筑物里加装了带孔的硬纸板和回收利用的棉花隔热板。整个图书馆给人的总体感觉像是一个巨大的客厅，里面摆放着美国最主要的赫尔曼米勒家具与室内设计公司提供的舒适座椅子。确保室内空气质量放在优先考虑的位置，使用挥发性有机化合物（volatile organic compounds，VOC）含量低的油漆，安装在地板下进行空气循环的暖通空调系统（Heating，Ventilation and Air Conditioning，HVAC）。由于各方面表现优秀，阿拉伯图书馆摘取了“美国图书馆设计奖”的桂冠。这个两年一次的奖项由美国建筑师协会和美国图书馆协会颁发，授予美国建筑师的杰出的图书馆设计项目。

阿拉伯图书馆以粗犷奔放的美国西部特色而引人注目，成为广大读者趋之若鹜的知识殿堂。建筑师以创新的思维和绿色的建筑理念建造出一流的图书馆，朴实无华的馆舍、窗明几净的空间和幽雅宁静的环境鼓励人们前来完成借阅图书这样一件生活中快乐而有意义的事情，度过美好的时光。在阿拉伯图书馆，设立了咖啡厅、书店、有躺椅的隐蔽青少年专区和有低矮家具的儿童活动空间等。设计之美吸引着大量的读者，无论是想借一本书，或者进来随便看一看，或者和其他人聊天，或者喝杯咖啡，或者参加会议，都把馆舍的人气聚集得旺旺的。

斯科茨代尔市公共图书馆下设多个分馆，都在为实现可持续发展积极投身于绿色运动。作为其中之一的阿拉伯图书馆和其他新建的分馆一样，既服务于传统型读者，又努力争取几乎完全依赖互联网信息的新一代。为了让库存的图书富有吸引力，加快借阅归还流动速度，阿拉伯图书馆借鉴书店开架售书的做法。馆员们把整个馆舍布置得差不多像一个大型的书店，尽可能让更多的图书与读者直接见面，从而排除了挑选和借阅图书的诸多障碍。为此，设计制作了许多特别的书架，除满足自身需要外还为其他图书馆定做。

此外，馆员们与时俱进，改变了过去老坐在办公桌子后面等着读者借阅或咨询的传统上班方式。他们主动走到电脑亭，帮助读者查找他们需要的信息。图书和材料可以保留在线，然后在专门的窗口取走，就像杂货店的自行付费结账的零售系统，读者能在自助式站办好图书借阅手续。这些创新的举措为读者提供了极大的便利，深受欢迎。事实上，阿拉伯图书馆的图书流通量去年增加了25%。与此同时，阿拉伯图书馆还是一个更大社区的一部分，另外还有一个游泳馆和两所学校。

爱尔兰国家图书馆：爱尔兰的文化宝库

爱尔兰国家图书馆位于爱尔兰首都都柏林，隶属于艺术、体育与旅游部的文化机构，也是爱尔兰的文献信息收藏中心。根据1876年的法案，都柏林皇家学会图书馆被更名为爱尔兰国家图书馆，从此担负起国家级图书馆的职能。此后，随着各地捐赠和采购，图书馆馆藏迅速扩充，于1890年迁入目前的馆舍。

爱尔兰国家图书馆藏书的基础是都柏林皇家学会和乔利图书馆的藏书。皇家学会的70 000卷藏书主要是科学技术书籍，反映了学会的宗旨，其中也不乏人文和政治类图书，如从伦敦购置的有关1629～1758年爱尔兰政治生活的资料。此外，罗伯特·乔利博士曾任教区总主教，其藏书中关于爱尔兰的资料丰富，包括不少爱尔兰著者作品的第一版。以这两部分藏书为契机，图书馆逐渐建立起符合国家图书馆地位的有关爱尔兰的综合性文献资料收藏。除了采选现代资料外，图书馆方面也着意通过古旧书业收集15世纪以来影响爱尔兰的印本书。目录学家、书商以及爱裔美国人的捐赠往往十分珍贵，因为这类善本无法从其他渠道得到。20世纪20年代依赖，图书馆致力于成为综合性知识的园地，于是逐渐建立了爱尔兰公共、学术和专门图书馆系统。爱尔兰政府则制定法律，要求该国出版商在出版物发行的1个月内向图书馆缴送每种出版物1册。如果该出版物有纸面和硬面两种形式，则需向图书馆缴送硬面的版本，缴送本收到后国家馆要给回执予以确认。缴送制度促进了爱尔兰国家出版物的保存，由于国家馆收藏的唯一资料随时可向公众提供，所以图书馆十分注重对藏书的保护。

爱尔兰国家图书馆是爱尔兰资料的主要参考源，作为参考图书馆，不外借资料，但提供复制服务。现拥有图书100万册；手稿70 000件；图片30万件；版画、水彩画90 000件，还有大量报刊资料。特藏中，包括欧盟以及欧洲议会出版物：欧洲经济共同体出版物（1957~1967），及欧洲共同体（1967~1993）、欧洲委员会、欧洲议会、欧洲法院出版物；世界贸易组织/关贸总协定出版物；珍贵版画和素描；天主教教区记录簿；19世纪的格里菲财产估价记录、早期账册；房地产记录；珍贵名人手稿（阅览有特殊要求）。手稿专藏中包括爱尔兰作家和政治家的文献，有乔纳森·斯威夫特的著作，早期印刷乐谱，摇篮本图书，18~19世纪爱尔兰装帧资料等。前馆长理查德·海斯曾于1965年出版了《有关爱尔兰文明史的手稿资源》。爱尔兰国家图书馆最具特色的家谱办公室由纹章办公室发展而来，重点开展家史研究。每年有成千上万的人来寻访自己的家史。供家史研究者使用的资料包括天主教教区记录簿、19世纪土地估价记录、贸易名录、房地产记录和当时的报纸。家谱办公室员工帮助来访者确定其寻求方向和指导资料的使用方法，伴随着研究的深入，他们做到时刻提供帮助。天主教教区记录簿是主要的家谱信息来源，该馆的缩微品可上溯到 1880 年，与此同时，还制作了教区记录簿宣传页供读者了解具体情况。该馆已经出版了教区记录簿缩微品目录，由于原始记录簿又教区监管，所以爱尔兰国家图书馆不提供复本。其他机构方面，为了便于管理捐赠者的捐赠图书，该馆成立了托管会负责有关事宜。另外还有志愿者组成的爱尔兰国家图书馆交谊会，其宗旨是向社会宣传国家图书馆资源及国家图书馆提供的服务，其为在关键时刻支持图书馆发展的有关人士提供了机会。

大洋洲图书馆事业：深受英国文化影响

大洋洲的图书馆事业起步并不算早，但依托所属国家经济社会的实力（主要是澳大利亚、新西兰），发展势头较快，已成为世界图书馆事业的重要部分。大洋洲国家的正式语言均为英语，因而图书馆事业深受英国文化传统的影响。

第二次世界大战后，澳大利亚和新西兰等国都制定了《图书馆法》，规定政府应支持图书馆，从而促进了图书馆事业的发展。澳大利亚国家图书馆于1902年建于堪培拉，目前收藏各种文献近千万册（件），有工作人员800余人，编辑出版《澳大利亚国家书目》、《澳大利亚政府出版物目录》、《澳大利亚地图》和《澳大利亚公共事务情报服务》（APAIS，澳大利亚期刊论文分类索引），提供集中编目服务，即澳大利亚目录卡片服务和澳大利亚机读目录记录服务，主持建设全国联机资源共享网络“澳大利亚书目网络”（ABN），并与联邦政府卫生部共同负责澳大利亚的联机医学文献分析和检索系统服务等。新西兰国家图书馆于1966年建于惠灵顿，到1979年底收藏各种文献480万册（件），有工作人员366人，编辑出版《新西兰全国总书目》，其地区服务部为公共图书馆和其他机构提供外借、情报服务和技术辅导，其学校图书馆服务部为中小学校提供咨询和外借服务。1982年建立的新西兰书目网提供全国馆藏和出版物数据库服务。斐济于1962年在国家社会福利部下设立斐济图书馆局，管理主要城市规划区的公共图书馆事务和两辆流动书车，并开展邮寄借书服务（1000个用户）和“书箱计划”（90个服务点）。巴布亚新几内亚于1975年在首都莫尔兹比港建立了全国图书馆局。到1978年，已将公共图书馆局、学校图书馆局、国立影片图书馆和国家档案馆并入该局。

澳大利亚各州立图书馆在政府资助下发展很快，其中新南威尔士和维多利亚州立图书馆最负盛名。澳大利亚政府通过对州立图书馆的管理实现对全国图书馆的领导。如今全国已有公共图书馆300余个，构建了覆盖面广泛的公共图书馆服务体系。新西兰只有奥克兰、惠灵顿、克赖斯特彻奇和达尼丁这4大城市的公共图书馆是其公共图书馆业务发展的中心，而其服务可与英国或美国的城市公共图书馆的服务相媲美。

澳大利亚拥有19所大学图书馆，历史最悠久和规模最大的大学图书馆是1851年建立的悉尼大学图书馆，藏有500多万册藏书。目前澳全国共有50多所学院图书馆，最大的为南澳大利亚高等教育学院图书馆，拥有藏书百余万册。新西兰的6所大学图书馆和33所学院图书馆，馆藏总量现在达到近千万册。斐济唯一的大学图书馆南太平洋大学图书馆是全国最大的高校图书馆，藏有图书30万册，现刊9 000余种。巴布亚新几内亚有两个大学图书馆，其中巴布亚新几内亚大学图书馆总馆为全国最大的高校图书馆，拥有藏书40万册。两馆均接受呈缴本。

在图书馆学专业教育方面，澳大利亚新南威尔士大学在1961年建立了大洋洲第一个图书馆学院，到1982年澳大利亚共有2所大学和17所学院设有图书馆学专业，大部分设置学士和硕士学位。新西兰惠灵顿大学也设置这两种学位。而在专业协会建设上，澳大利亚联邦政府1981年建立了政府的咨询机构澳大利亚图书馆和情报理事会（ALIC），成员包括国家图书馆馆长、7个州立图书馆馆长、联邦政府教育与青年事务部和科技部的代表等。澳大利亚和新西兰两国的图书馆协会分别建于1937年和1910年。斐济图书馆协会建立于1972年。巴布亚新几内亚图书馆协会于1974年建立，其前身为1967年建立的澳大利亚图书馆协会在该国的一个分会。

澳大利亚国家图书馆：澳大利亚图书馆界的“领袖”

澳大利亚国家图书馆的历史并不悠久，其前身是1901年成立的联邦议会图书馆（当时还不是这个馆名）。当时该馆以美国国会图书馆为模板，设置在澳大利亚联邦议会所在地墨尔本。成立之初，藏书主要靠维多利亚州立公共图书馆及州议会图书馆的支持。1905年采用了杜威十进分类法系统；1912年通过的《版权法》确保了该馆的缴送本图书馆地位；1914年出版了33卷的澳大利亚历史档案；1923年被正式命名为联邦议会图书馆，伴随着联邦议会大厦的落成，1927年迁往堪培拉。当时，为议会服务是其主要宗旨，同时也为政府各部门及学术机构提供参考咨询和书目服务。1930年开始对堪培拉居民开展图书外借并收集录音与电影资料；1944年设立伦敦联络处。

二战之后，伴随着经济的繁荣，澳大利亚图书馆事业发展迅速，联邦议会图书馆馆藏也不断增加，服务范围扩大。1956

年成立国家书目中心，同时联邦议会的图书馆咨询委员会提议成立一个国家图书馆，这一建议体现在1960年颁布的《国家图书馆法案》中。根据该法，联邦议会1966年拨款兴建适当的馆舍，1968年8月，位于堪培拉地区伯利格里芬湖畔的澳大利亚国家图书馆正式开馆。该馆成立后发展速度很快，1970年成立音乐组；1976年着手调查建立澳大利亚全国联机网络目录的可行性；1978年编制澳大利亚机读目录；1981年澳大利亚书目网络实施，并形成国家书目数据库。

澳大利亚国家图书馆隶属于澳通讯、信息技术与艺术部，直接由图书馆理事会进行指导。按照《图书馆法》，澳大利亚国家图书馆是一个独立实体。虽然是澳大利亚图书馆界的“领袖”，但是她只起协调作用。澳大利亚国家图书馆作为保存收集澳大利亚所有出版物的机构，享受《出版法》所规定享有的接受缴送本的权利，凡本国出版的书、刊、报、地图、乐谱等，均能得到一份缴送本。由于出版物形态的改变，现也大量收藏有关澳大利亚的微缩胶片、电子出版物、未刊手稿、图画和口头历史录音带，同时欢迎捐助艺术品。因为澳大利亚国家图书馆规模不大，在技术革命方面在亚太地区起步较早。早期的资源共享是编辑国家书目，生产期刊索引。1978年，实施“澳大利亚公共事务信息服务”（APAIS），向全国提供编目数据拷贝，先是目录卡片，然后是计算机数据。1980年创建的ABN在澳大利亚奠定了图书馆界资源共享模式，1981年建立了国家书目数据库（NBD），1985年建立澳大利亚医学索引（AMI），1988年通过图书馆界峰会，就2000年前全国图书馆联网及信息服务的结构和进程达成协议。1992年召开的“2001年联盟”会议则旨在改进网络管理和使用的日常安排。20世纪90年代，由于信息和通讯的更加普及和全球化，图书馆面临新的挑战与机遇，其肩负的责任更加艰巨。在信息时代，澳大利亚国家图书馆必须起“领袖”作用。目前澳大利亚多数家庭都拥有计算机，国际通讯技术将对他们的生活产生重大影响。澳大利亚国家图书馆的网络服务计划将提供全澳图书资料的网络化基础设施，支撑馆际互借向图书馆用户传递文献，以国家图书馆藏书编目在澳大利亚图书馆界鼓励藏书建设合作。同时她还与其他机构合作生产数据存储，这种协作有利于开发馆藏，并降低成本。通过国家图书馆的网络，还能即时使用澳大利亚档案和手稿，该网络可以提供遍布全国的档案数据库。简明的信息将使研究人员能专注于特定的人或组织，并为取得更多信息而使用特殊档案。

维多利亚州立图书馆：澳大利亚最古老、历史最悠久的图书馆

位于澳大利亚墨尔本的维多利亚州立图书馆是澳大利亚最古老、历史最悠久的图书馆。坐落在墨尔本市中心商业区的Swan Stone大街上，这里每天都汇集了无数来自世界各地的观光者，他们肤色不同，衣着各异，徜徉在这条独具墨尔本本土特色的大街上，享受温暖舒适的阳光。无论这里五光十色，车身布满时尚广告的有轨电车以及穿行在人行街道的古老马车，还是沿街丰富的世界各地美食，都不能完全体现这座城市的时尚与文化。唯有维多利亚州立图书馆更能代表墨尔本深厚的文化底蕴，它已成为墨尔本最具特色的地标。

维多利亚州立图书馆是一座颇具英伦传统的典雅大气风格的建筑，站在Swan Stone大街上就能够感受到其恢宏的文化气势和建筑艺术的强烈吸引力。顺着台阶拾级而上，进入由一字排开的高耸罗马柱组成的图书馆正门，可以说就是迈进了资讯、思想和灵感的圣殿。图书馆的设施基本上都是免费提供给

阅读和体验者的，体现了公共图书馆的免费服务精神。每年这里都要举办上千场针对不同人群、不同主题的公益活动，其中包括演讲、表演和互动参与等多样化的体验，而这一系列活动也都是免费对公众开放。这充分体现了图书馆资源为大众读者所有的属性。整个图书馆建筑共有6层，大部分都对公众免费开放。开放时间是周一至周五从上午10点到晚上9点，而周末、周日和社会公众日则从上午10点至下午6点，这也充分适应了广大公众的时间安排。

通过该馆公共通道的目测检查和信息咨询台，便步入一楼环形公共阅览室，在这里分布着大小不同的阅读区域。有圆桌式的比较休闲的自由区，就像星巴克里的小圆桌的风格一样，置身在这温馨的地方会感觉非常轻松自然；大厅有序地分布着不少桌案式的共享阅读区，读者们彼此安静地漂流在知识的海洋里，这景象在古老花窗映衬下显得静谧而温馨。连排的书架环绕于整个大厅，白炽的灯光打在上面，照亮了层层叠叠的书籍，也提升了整个大厅的学术氛围；大厅中间放置的几排电脑映衬在古色古香的氛围下，显示了科技与古典的融合。这些供查询的电脑都有隔断，部分还可以免费上网，不过免费时间是随忙闲时段变化的，在高峰时段免费只是15分钟左右，不过是否遵守就要靠个人自觉了。这里的主要阅览区域都有WiFi覆盖，阅读者可以免费享用。在阅读区的外围分布着不同功能厅和服务区，包括为读者服务的影印中心、艺术中心、微缩胶片报纸查阅中心和多媒体体验馆等大小不同的区域。

该馆的多媒体体验馆尤其受到年轻人的青睐，十几米高的穹顶由钢管连接着透明的玻璃，显得现代感十足；仿古墙的高处垂直而下的醒目绿色条幅，细细一看原来是一些赞助商的条幅。馆内的二层是Redmond Barry阅览室。Redmond Barry是墨尔本市公立图书馆的创始人，为墨尔本的图书馆事业作出了很大的贡献。这一阅览室建立于19世纪晚期，至今保持了其精美绝伦的典雅气质。整个阅览室分为两层，而多面的圆角屋顶又将两层合二为一，第二层仅仅环绕于大厅边缘，通透的中间部分还是留给了在这里孜孜不倦的读书人。与一层的大厅不同，这里的阅读条件好了许多，浅色的木制圆桌上是一盏盏设计考究的花形台灯，摆放在旁边的是柔软的沙发坐椅，灯光不再白炽化，淡黄色的光线让整个双层的馆厅透出一抹如晚霞般的灿烂光辉。

该馆的三层有一间特别的休闲厅 Chese，其中有各种棋类游戏，专为有此兴趣者提供，也为读者提供一个劳逸结合的休息场所。步入一楼的左角，有一个著名的 Mr. Tulk Cafe，这也是图书馆唯一供人们享用咖啡和快餐的地方，是以澳大利亚国家图书馆第一位管理员 Augustus Tulk 的名字命名的，每每走近它，都会被其美味佳肴散发出的香味所吸引。通常食物和饮料是不能带入阅览室的，除非是有瓶盖的饮品。

保加利亚国家图书馆：肩负保存国内印本和手写本遗产的使命

保加利亚国家图书馆成立于1878年2月10日，当时名为索菲亚公共图书馆，主要靠保加利亚和俄罗斯的私人捐赠扩充馆藏。1897年保加利亚颁布了第一部《缴送法》，1909年通过了关于国家图书馆的第一部法律。从2000年起，保加利亚国家馆加强了自动化加工和手稿及文献采集，同时对读者提供专业服务并举办一系列文化活动。作为保加利亚最大的图书馆，国家图书馆拥有高质量的人文科学和纯科学学术文献。2000年议会通过的法律强制缴送印刷书和其他资料给该馆，该法拓宽了文献缴送范围，包含保加利亚个人或团体的全部印刷书和电子介质的出版物，只要是保加利亚文并与保加利亚有关，即使是进口的书籍，只要其在国内大量流通，都要缴送给国家图书馆。该法降低了缴送册数，从20册减为12册，同时缴送者为出版商而不是从前的印刷商，并酌情支付成本和邮资。保国家馆对接受的文献进行保存并提供使用，图书馆有义务免费出版书目信息的国际参考和数据库版，并就出版信息进行必要的统计。

保加利亚国家馆的使命是保存国内印本和手写本遗产；作为保存本图书馆，国家图书馆收集和保存保加利亚出版社出版的所有出版物；作为学术图书馆，国家图书馆为学术团体和学者、学生及市民服务；同时该馆是社会管理、科学及文化信息领域的国家书目信息中心，是图书馆学、文献学和版本学研究机构，还是图书馆服务科学与协调中心。保加利亚国家馆拥有馆藏约800万件，收藏有奥托曼王朝统治时期、封建社会和保加利亚复兴时期的300万件文献。国家图书馆珍贵专藏有摇篮本书、中世纪和现代的手稿以及早期的印本书、乐谱、地图、版画及肖像、专利和标准。采选重点为保加利亚文献（非缴送文献、善本、有价值的出版物和手稿）；有关保加利亚的出版物；综合性参考及信息资料；社会科学文献，包括语言学、文学理论、历史、文化艺术领域重要的专著。虽有专项资金用于图书修复和改善藏书条件，但是经费短缺情况依然存在。不过该馆近年来在相关社会基金会赞助下举办了有关资料及图片保护的讲座课程，并进行研究，争取为保存馆藏创造较好的条件。为扩大影响，图书馆积极在国内外举办展览；并与国内外图书馆展开合作，与比利时皇家图书馆进行了合作，与希腊国家图书馆签署了协议草案，与土耳其相关文献保存机构及出版商也进行了合作等。

比利时皇家图书馆：重视信息技术的应用

比利时皇家图书馆建于1837年，其历史可上溯至15世纪勃艮第公爵所建的勃艮第图书馆，当时的藏书主要是900件手稿。后随着比利时图书馆事业的发展，皇家图书馆的规模逐步壮大，并承担起比利时国家级图书馆的职能。如今，皇家图书馆馆藏内容丰富，包括合订本约400万册；现刊21 100种；手稿300 000件；摇篮本4 750卷；学位论文5 000件；政府文献305 000件；乐谱100 000页；地图140 000张；视听资料16 000件；录音6 000件；善本书35 000卷等，是全国图书馆馆藏最为宏富的图书馆。在全部的藏书中，手稿收藏无疑最享盛名。皇家图书馆从柏甘地公爵图书馆处接收了大约300件手稿，并藏有匈牙利国王马梯阿斯·卡文的佛罗伦萨弥撒书。善本部藏书45 000册以上，其中3 000册为古版书。刻印文献部收藏有700 000件刻印文献资料和10 000件古代和现代绘画。乐谱部不仅负责保管乐谱和音乐作品，也收藏柏甘地公爵和比利时的音乐研究文献资料。

比利时皇家图书馆十分重视信息技术的应用，重金购置了数字化设备——计算机、显示器、打印机、数码相机及其他外设。选用了 SUN 系列产品作为服务器。同时针对缺乏各层次的信息技术员工，增加大量高素质专业化人员来满足计算机应用、服务用户的需要。皇家图书馆与私人公司合作扫描 19 世纪的小册子，多数为比利时原创。这些小册子按照主题被装订为若干卷，扫描后制成 CD－ROM，供在馆内网上使用。另外还着手对布鲁塞尔的照片和古币进行数字化。2000 年完成了对 15 世纪勃艮第公爵的 270 件手稿的数字化。皇家图书馆还与安特卫普大学和布鲁塞尔大学的图书馆等机构合作，实施虚拟图书馆计划。旨在利用电子通讯技术建立虚拟图书馆基础设施，主要强调明确集成的书目检索、电子文献需求及传输，用户界面将使用万维网技术。此项计划经软件开发并经过在三个图书馆的尝试后，将能在其他 6 所大学图书馆使用。皇家图书馆还与其他国际机构开展了多项合作，力争成为欧洲地区最现代化、利用数字技术程度最高的图书馆之一。

丹麦皇家图书馆：丹麦的“21世纪正能量中心”

丹麦皇家图书馆是丹麦最大的图书馆。图书馆整体建筑由两个巨大黑色立方体构成，故有北欧“黑钻石”之称。新馆是在原馆舍基础上扩建的，凌空架起的一座玻璃天桥成功地将两个独立建筑空间连在一起。独特的建筑风格使图书馆通透、宽敞，明亮，成为城市一道风景。

皇家图书馆兼有国家图书馆和大学图书馆职能。走进“黑钻石”大门，一层设有书店、咖啡屋；宽敞的大厅定期举办原创作品展览；根据该馆职能与任务，根据读者需要建立的读者活动区有典藏阅览室、大学生兴趣小组等。大学生可以在这里使用自己的计算机做功课、研讨学业、座谈、喝咖啡；珍本典藏部依托现代化技术解决了孤本出版物保护问题；读者通过网络或电话预定图书，第二天在预定专柜自行取书，图书馆服务理念令人耳目一新……皇家图书馆被称为丹麦的“21世纪正能量中心”。

丹麦的图书馆法日臻完善。1920 年，丹麦制定了第一部《图书馆事业法》，1964 年又制定了新法。1964 年的图书馆法规定每 5 000 人应有一个图书馆，政府拨款建设图书馆并补充藏书；根据人口数量或人口密度建立图书馆分馆。图书馆服务 3 个标准：质量、周到、务实。

藏书越来越丰富，不仅纸质图书，还有电子资料、网络信息。近 3 年统计数字显示，政府用于文化建设的投入日益增长，图书馆数量、图书馆藏书册次持续增加，阅读环境舒适。很遗憾，与其相悖，注册读者数量在减少，尤其是低龄读者。图书（主要是成人用书）借阅量在下降。视听图书和音乐资料的读者量也在萎缩，而电影和游戏资料需求量呈上升趋势。分析结果显示，音乐资料和馆藏藏书补充速度缓慢，读者更喜欢依赖现代化工具信获取息。

该馆网络为读者提供了极大方便。预约图书和延期阅读可以通过电子邮箱完成。读者预约图书，只需点击“预约图书”栏目，便能够浏览到该馆藏状态；若所需要的书没有馆藏，可利用“数字图书馆”从其他图书馆或国外图书馆预约阅读。丹麦规定新出版的光盘在出版后的前 3 个月内不得借出馆外使用。

该馆创办了《新书述评》简报，定期出版，以电子邮箱形式连同新上架的图书告之读者。读者通过网络可以即刻预约借阅图书和与书相配套的光盘。

丹麦皇家图书馆唯一的俄文数据库记载了 4 807 部俄文长篇小说和故事集，其中大部分是经典文学，也有现代文学。外国报纸数据库有数千条记录，有很多俄罗斯出版物。该数据库在图书馆、家里都能方便地上网阅读。

该馆为网络使用者提供培训服务：网络信息检索，电子邮箱使用，电子邮件写作与发送，文件或图片下载等。与此同时，也非常重视为有专业需要的读者提供服务，从馆藏定位到专项服务。图书馆首页特设了一个窗口——“读者之窗”来进行阅读答疑，以共享图书馆，把图书馆藏书带回家为目的。对于行动不便，难以亲自到馆借阅的读者，图书馆员不仅把书送到家，还和他们促膝谈心。这样的交流一般会持续30分钟，但需要提前预约。这或许是“真人图书馆”的服务方式之一。早在2005年，欧洲就开始流行“真人图书馆”。

图书馆既是社会信息中心，也是社会交际和文化中心。“读者之窗”非常受欢迎。一切为了读者在丹麦皇家图书馆不仅表现在部门设置、设备配置，还有诸多细节之事，勿以善小而不为，如租用书包、下雨时提供雨具等。

国家政策、政府拨款、高新技术促进了丹麦图书馆事业的发展，丹麦皇家图书馆满足了社会需要，已经逐渐成为人们的文化和生活中心。

“开放式书架”：波恩街头的小型图书馆

引人注目的风景线

在德国波恩，人们把街道上那种独特的小型图书馆称之为“开放式书架”。一些上街的市民和游客，要么向它们捐赠图书，或者从它们那儿借阅图书。“开放式书架”日夜开放，而且提供的藏书不断变化。

波恩市的街头巷尾一共设有5个这样的“开放式书架”，甚至连雨天也无法阻止居民前往浏览借阅。其中一个名叫Poppelsdorfer Allee，位于张开的栗子树下，浓阴蔽日，读者倍感凉爽。书柜两米多高，透过玻璃门可以看到200多本图书得整整齐齐地码在里面。由于藏书吸人眼球，因此前面总是有不少人在挑选图书，走了一拨又来一拨。一天，一辆汽车突然在书架前停住。只见一名年轻女子跳出车来，把一些新书放在书架上。其中一本是Allan和Barbara Pease合著的《为什么男人不听》（Why Men Don't Listen），另一本为《石之翼》（Wings of

Stone)，作者是 Robert Menasse。

开设这些“开放式书架”的基本想法很简单，因为它非常机动灵活，任何人都可以在一年当中的任何一天，白天或晚上的任何时间，不需要经过繁杂烦琐的手续，把书放在书架上，或者从书架上将书借走。图书品种丰富多彩，烹饪书籍、小说、电脑用书和专业心理著作等一字排开，应有尽有，能满足包括家庭主妇、学生、长者及无家可归者等在内各种人的需求。他们要么偶然遇上自己梦寐以求的某本书，真是“得来全不费工夫”；要么在听说什么书后，来“开放式书架”“淘宝”。“这也是一个进行人际交往和传播知识的地方。”来自名叫 The Bürgerstiftung Bonn 的一个波恩社区基金会的 Nicole Schmidt 说，“书籍可以使人谈吐睿智敏捷。”

“开放式书架”是 The Bürgerstiftung Bonn 社区基金会主办的 2003 年度创意大赛的获奖作品，由设计师 Trixy Royeck 提出。她当时正在美因茨研究室内设计，受到 Clegg 和 Guttmann 两位艺术家的启发，产生了这种新口的想法。20 世纪 90 年代初，他们先后在奥地利的格拉茨和德国的美因茨建起了“开放式书架”。在 Clegg 和 Guttmann 看来，“开放式书架”是社会雕塑的一种形式，反映了图书和人们对待图书方式的有机集合。

“‘开放式书架’的图书基本上保存完好，没有丢失，也无损坏，这些年来甚至未出现在书上涂鸦的情况。”Nicole Schmidt 指出，“我们对此有些惊讶，也很高兴。唯一的例外是在 5 年前的 Weiberfastnacht 节（女子狂欢节），有人点燃了波恩市波易尔区的‘开放式书架’上的书。这就是为什么这个小型图书馆在过去几年的狂欢节里被封闭的原因。”

不辞辛劳的志愿者

对于“开放式书架”，波恩市民不只是爱不释手，而且还倍加爱护。一些志愿者主动担任守卫者，确保书架上的任何图书，甚至那些发表右翼极端主义观点、渲染色情和其他因敏感话题易受到攻击的书籍，都能安然无恙。他们还经常搞卫生，把书柜的玻璃门擦得干干净净。

“实际上，我们并不知道这些志愿守卫者的姓名，”Nicole Schmidt 高兴地解释说，“路人也经常动手，把图书整理得有条不紊。玻璃门有时因为刮大风移位了，他们便马上用电话和我们联系，告之情况。偶尔修理或更换玻璃门所需的费用，也由好心的市民掏腰包支付了。‘开放式书架’就是这样完全靠自身的魅力和市民的关爱维持下去的，负责管理的 The Bürgerstiftung Bonn 社区基金会没有提供什么资金。”

2008 年 8 月，波恩最后两个“开放式书架”建成并投入使用。上面的玻璃门安装的是改进过的操作机构，会自动关闭。玻璃性能也更稳定，不会受到天气的影响。书柜的框架用不容易生锈的特殊合金钢制成，即使把书装得满满的，“开放式书架”也巍然屹立，不会受到图书重量的影响。钢铁和玻璃结构牢固地胶结，扎根于地下，帮助它勇敢地面对强风暴的挑战。即使在长时间的雨季，也不可能使图书变得潮湿，因为流通速度很快，有些书上架后只有 5 分钟就被借走了。”

“把书籍保存在书架上是对书籍的残忍。”这是一家名叫 Bookcrossing 的基于互联网的图书交换网络所用的口号。这个网站让读者自己组织起来，把他们已经读完的书籍交由其他人处置，不追求任何经济利益。与 Bookcrossing 形成鲜明对照的是，“开放式书架”建立在当地的基础之上，可以随时发挥作用。尤其是对于那些突然想读书的人，唾手可得，十分方便。Poppelsdorfer Allee 离波恩火车站很近，位置得天独厚。很多乘客每天都要经过这个“开放式书架”，可以从它那儿借书，在火车上阅读，几天后返回时再把书还掉。如果他们真的很喜欢，能将其保存，和别人交换另一本书。说实话，没有其他的图书馆出台了这样的借阅办法。

使 The Bürgerstiftung Bonn 社区基金会特别感到高兴的是，一些游客把建立“开放式书架”的想法带回到自己的家乡。他们常常打电话询问如何组建这样的小型图书馆，然后寄来有关在自己城镇成功开设新“开放式书架”的报道文章。与此同时，在德国的汉诺威、达姆施塔特和拜罗伊特等城市，现在都有了“开放式书架”。

巴伐利亚州立图书馆：具有德国皇室血统

巴伐利亚州立图书馆是德国统一之前原联邦德国最大的州立图书馆，位于慕尼黑。其历史可追溯到1558年，曾是一座皇家图书馆，1803年接受了150多所教会和修道院图书馆的大批珍贵藏书，1829年更名为宫廷图书馆，并建造了规模更宏伟的馆舍。1918年，该馆归属巴伐利亚自由邦管辖。此后，正式命名为巴伐利亚州立图书馆。第二次世界大战期间，该馆和德国很多图书馆一样遭受了很大损失，馆舍和约50万册藏书（大都是极具历史价值的珍本）毁于战火。1970年巴伐利亚州立图书馆完成重建和扩建，藏书进一步丰富，成为巴伐利亚州乃至当时西德最重要的图书收藏中心。目前，该馆接受联邦和州政府双重领导。

巴伐利亚州立图书馆主要承担保护文化遗产的任务，相比较其他图书馆而言，其更注重收集古版书和古代出版物，保存德国悠久的文化遗产和传统。图书馆位于慕尼黑市中心著名的路德维希大街，中心阅览室拥有450个座位，专藏部由150个座位。除了古籍文献外，图书馆还藏有丰富的、涵盖广泛的人文科学书籍。该馆的古版本和手稿对文化史研究有极大价值，其学术价值无法估量。最重要的藏书包括4万件手稿（其中拉丁语1.9万件，德语1万件，东方手稿5 000件），18 500本古版本（是世界上规模最大的古版本藏书），26 500件藏书印记，700件莎草纸手抄件，3 260件单面印刷品，220件铜版印刷书，320件平板印刷品（首版），50个木刻本，33 000件手稿，400个名家收藏品。其他专藏分布在包括音乐、东欧、东方和地图专藏部。

在应用计算机和自动化技术方面，巴伐利亚州立图书馆上世纪60年代开始在图书借阅、著录与编制等方面应用计算机技术；1996年，组建了6大著录网络，即巴伐利亚州、西南德、哥廷根、北莱茵－威斯特法伦、柏林－勃兰登堡、黑森6个区域性图书馆网络。同时建立了若干个全国性大型书目数据库并由全国图书馆机读数据库联合目录加以揭示，从而提高了馆际互借的效率。之后，该馆着手实施从著录网络过渡到信息网络及其一体化，这一工作成为近几年图书馆的中心任务。德国联邦政府于2000年发布的《德国－21》白皮书中，明确建立数字图书馆的重要性。德国教育与科研部所辖德国国家信息中心也主持实施了德国“全球信息数字图书馆”规划（1998～2003），启动资金为112亿马克。巴伐利亚州立图书馆也积极参与了这一计划，将自身信息网络工作的提升与这一规划结合起来。同时，巴伐利亚馆还积极参加SUBITO和GBV的工作，扩大馆际交流，加强文献传递服务。SUBITO是国际性的图书馆文献传递系统，是德国教育与科研部为了加快文献资料的传递速度而建立起来的，现已有德国、奥地利、瑞士等国的33个图书馆参加。GBV（Gemeinamer Bibliothek Verbund）是由德国不来梅、汉堡、下萨克森、萨克森、图林根等 7 个州的图书馆组成的图书馆联合会，总部设在下萨克森州的哥廷根，截至 2003 年 5 月 15 日，共有 450 个图书馆参加。GBVdirekt 是 GBV 会员和协作馆在德国的文献传递系统，它是 GBV 用户通向 SUBITO 的出口。目前，德国图书馆的文献传递工作基本上是通过 SUBITO 和 GBVdirekt 系统，采取不同的文献传递方式来实现的。

柏林国立普鲁士文化基金会图书馆：两德统一的结晶

两德统一后，根据1990年9月23日的联邦统一法令，由原设在东柏林的德国国家图书馆和设在西柏林的德国国立普鲁士文化遗产图书馆合并组成柏林国立普鲁士文化基金会图书馆。两馆前身为普鲁士国家图书馆，是欧洲最古老、馆藏最丰富、最有影响的图书馆之一，其历史可追溯到1661年F·威廉建立的选帝侯图书馆。它是由勃兰登堡选帝侯F·威廉直接领导建立的私人图书馆发展起来的。1699年开始实行法定注册呈缴本制度。1701年更名为国王图书馆。19世纪70年代，随着德国政治上的统一，更名为德意志帝国图书馆，第一次世界大战后改名为普鲁士国家图书馆。1939年时图书馆藏书约300万册，成为欧洲第三大图书馆。第二次世界大战期间，为避免空袭，该馆约有170万册藏书疏散到德国西部，其余疏散到东部。战争期间，图书馆馆舍毁于战火，被炸毁和散失的藏书达10多万册。1946年10月，以普鲁士国家图书馆疏散到德国东部的藏书为主要馆藏，在东柏林建立了国立公共科学图书馆，1954年更名为德国国家图书馆，即原东德的国家图书馆。1962年这些书划归普鲁士文化遗产财团接管，图书馆改名为国立普鲁士文化遗产基金会图书馆。从1964年起，马尔堡和图宾根的藏书逐步迁返西柏林，并建立了国立普鲁士文化遗产图书馆。1967至1977年历时11年在西柏林建成新馆，1978年开馆。随着东、西德的统一，1992年1月1日两馆合并，定名为柏林国立普鲁士文化基金会图书馆。目前，该馆由普鲁士文化遗产基金会领导，是目前德国最大的综合性学术图书馆，享有接受德国出版的图书呈缴本的权利。另外，德国的国际标准书号机构设在该馆，同时，作为欧洲研究图书馆联盟、法律图书馆协会、国际图联等组织的成员，该馆还开展馆际互借。

柏林国立普鲁士文化基金会图书馆的藏书涉及各个国家、各学科领域及各个语种。重点收藏法学（尤其是外国法）、东方学、东亚和东南亚研究、制图学、议会文献和地图等资料。该馆购书经费每年总支出不少于850万欧元。其中：订阅现刊和报纸3.6万多种，350万欧元；用西欧语言撰写的现代研究文献（不包括期刊），250万欧元，；早期印刷图书，65万欧元；手稿特藏部，20万~50万欧元；音乐特藏部，15万欧元；东亚部特藏，60万欧元；报纸部特藏，20万欧元；儿童与青少年图书部特藏，10万欧元。该馆拥有古籍4 400册；现刊与专题论文丛书3.8万种；早期报纸18万份；西方手稿1.85万件、东方手稿4万件；乐谱手稿6.7万件、乐谱印刷本45万册；私人档案1400份；地图和地图集100万份；缩微胶片230万件；图片1 350万张。在应用信息技术方面，从1971年起，原西柏林的国立普鲁士文化遗产图书馆和德国图书馆研究院合作建立德国期刊数据库，1973年投入运行。它是一个跨区域的期刊联合著录系统，现有85个成员馆。数据库共收录82万条刊名数据，团体著者数据 46.4 万条。除德国期刊外，还收录一些国外期刊。该数据库按学术图书馆字顺目录著录规则对期刊实行统一著录，是全德期刊的检索工具。1989 年开始提供联机检索服务。柏林国立普鲁士文化基金会图书馆是柏林－勃兰登堡图书馆联合体的成员馆。该联合体创建于 1984 年，1985 年开始运行，现有 46 个成员馆。联合体原为柏林专著网络，网络的数据库存储着原西柏林馆自 1985 年以来的专著目录和原东柏林馆 1992 年以来的专著目录。现在，通过该馆主页，读者可以访问以下联机目录和数据库：该馆的联机目录、德国期刊联合目录、雷根斯堡电子期刊图书馆、老地图数据库、东亚目录、合订本目录、该馆所藏 16 世纪版图书简明目录、德语国家 17 世纪出版著作数据库、古版本联合目录、德国中世界手稿与原稿数据库、重要亲笔签名索引，以及欧洲手稿、信件综合网络数据库等。

德国的小型图书馆

从专业的角度来看，德国社区里的小型图书馆有待于极大地加以改善。然而这些图书馆具有一个得天独厚的优势——由于位于社区中心，因此和读者近在咫尺，来去极为便利。请看这样一个场景：星期天，下巴伐利亚州的一个村庄，天主教教堂的儿童和青少年服务活动刚刚结束，社区图书馆便敞开大门。一些女志愿者负责馆里的工作，确保孩子和家长可以浏览两个小时的图书，为未来一周的阅读事宜做好准备。

在德国公共图书馆的报告中，通常介绍的是规模较大的市级图书馆的创新理念和示范项目，而一般很少□及到地处村庄和大城镇边缘的许多社区小型图书馆，尽管也为读者提供了获得信息和知识的途径。事实上，这些小型图书馆是在完全不同于市级图书馆的条件下开展工作的。

教会和志愿者帮助

据德国图书馆（The Deutsche Bibliotheksstatistik）的统计，

绝大多数所谓的小型图书馆都是在自愿的基础上配备职员和经营管理的。全国2005年注册的公共图书馆大约有8 700个，令人惊讶的是其中有近6 530个由志愿人员或者兼职人员打理。

小型图书馆由当地政府或教会提供赞助，只有少数接受联邦政府额外的财政资助。大多数小型图书馆由新教教会团体和天主教会支持，其中3 547个完全或者部分由天主教教会提供经费，超过半数。

一般来说，是少数志愿人员保持了小型图书馆的运行。负责馆里事务的志愿者主要是女性，通常不超过5~6个，因此开放的时间相当有限。小型图书馆一周一般最多只开放10小时，在通常情况下一周开放的时间甚至少于5个小时。

现在，到图书馆的年轻志愿者越来越多。她们干了几年后大都会离开，有的要照顾幼儿，有的想另外闯一番事业。当然也有参与了几十年管理工作的志愿人员，为图书馆事业付出大量的心血。

专业机构积极扶持

由于自愿者独立工作，因此由他们自己决定希望为图书馆添置什么样的书籍和期刊。他们这样做，会得到来自教会、国家和图书馆专业机构的支持。例如，官方的图书馆专业机构通过提供适合图书馆的新出版物和特定主题书籍的信息，帮助志愿者建立和保持其一定馆藏书量。

在其他方面，图书馆专业机构也采取了许多措施进行帮助。比方说，举办持续数天的培训班或时间相对集中的研讨班，开设基本课程，向志愿者讲授图书馆管理的基本原理和做法。除此之外，还定期进行特定主题的进一步培训。如果愿意的话，参加学习和进修的志愿者还可以理论联系实际，一边参观图书馆一边学习或实习。

来自图书馆专业人士强有力的支持，特别是正规的定期培训和进修深造措施，对于志愿者的工作来说是必不可少的。不过，专业机构提供的一切帮助是基于对方自愿的原则。与其他欧洲国家图书馆形成对照的是，德国的图书馆不是由法律规定的，每个社区可以自主决定是否要创办图书馆，每一个图书馆能够决定自己是否坚持按专业机构的建议去办。因此，就政府而言，指导图书馆的运作并且对其产生影响的可能性非常有限。只有在使用公共资金的时候，图书馆才不得不遵照最低限度的专业要求进行管理。

儿童阅读的起点

尽管如此，专业机构还是努力地使小型图书馆正规化。考虑到图书馆规模有限、资金不足和人力资源匮乏，这项工作要覆盖所有的地区根本不可能，只能选择有代表性的图书馆。

出于这个原因，图书馆专业人士在过去几年一直建议，小型图书馆的服务目标应该更加集中，以最大读者群的需求为导向。如何使小型图书馆发挥作用，不能一概而论，具体情况要具体分析，主要取决于它们所在的特定地区和馆藏资料是否丰富和最新。然而，一般来说，小型图书馆的读者主要是儿童和老人。

通常情况下，图书馆是幼儿学习阅读时首选的地方，这就是为什么专家建议小型图书馆应该将其服务定位在满足儿童和年轻家庭的需要上。专业机构向小型图书馆介绍说，自助图书也构成了家庭图书馆的重要组成部分。

因此，日渐增多的小型图书馆将把重点放在孩子阅读的享受和阅读技巧的指点上，放在与当地学校和幼儿园的合作上。如果当地图书馆在两代人之间有越来越多的相互作用，例如周日的礼拜之后，那么它们将成为小社区的交流中心，发挥着重要的作用。

海德堡大学图书馆：德国最古老的图书馆

海德堡大学图书馆是德国最古老的图书馆，建于14世纪。就坐落在海德堡大学的核心地段——大学广场旁，其宏伟的建筑由来自卡尔斯鲁厄的著名设计师约瑟夫·多姆设计，他采用了“日耳曼风格主义”（从16世纪晚期开始兴起的一种日耳曼风格的建筑设计方式）的理念，同时将其与“青年风格”（新艺术风格）的元素结合了起来，建成了这座令人仰止的图书馆。

海德堡大学图书馆共有藏书260万册，其中拥有6 000多册珍贵的手稿和古代印刷本，以及极为珍贵的14世纪手抄本，在世界顶级名校图书馆排名中名列前茅。该馆每年都会采购最新的图书，比如法律系的博士、教授资格论文以及教授的专论，只要不是太冷僻的领域，通常在馆内都可以找到相关图书，大学图书馆之间的差距在德国并不是很明显，有差异的仅仅只是藏书的特色。同时，海德堡大学图书馆并不限制读者借书的数量，一次借多少本书都可以，只要抱得动。因此，常常发生一个很有趣的现象：在还书的地方，经常可见提着大行李袋或是背着登山包的人拿着很多的书来还。而为了照顾经济上比较拮据的学生，图书馆在开学前也会大量购置新版的教科书让学生借阅，如今这也成了德国各大学图书馆的传统；而旧版的过时书籍，图书馆也会以很低价格卖给学生，以避免馆藏资源浪费，据说，一本原价要几十欧元的书，学生只要花不到十欧元就可以买到手。

图书馆应用信息化技术也已经相当普遍，图书馆读者可以在家或是图书馆的电脑上通过网路或是局域网查询书籍以及期刊的目录，然后再决定是否出门去借书或是去书库找书，若是某本书已经被借走了，也可以在网上进行下一顺位预借，待其他读者还书之后图书馆会通知借书者前来领书。这样方便的信息化服务也激发了更多读者利用图书馆的热情，据介绍，海德堡大学图书馆不仅对本校师生开放，也对所有市民开放，市民们可以到图书馆查阅资料或是翻阅报纸、期刊，不用事先花钱办校友证，也不用填写任何资料或是押任何身份证件，当然，在出入口也看不到任何的感应装置以及栅栏。

德国盲人中央图书馆：德国最古老的盲人公立图书馆

据统计，德国的盲人和视障人分别为 14.5 万和 50 万。利比锡市的“德国盲人中央图书馆”积极主动地做好服务工作，保证他们也能够走进信息社会，了解和利用各种资讯。说到读书，当然一定要看得见，所以正常人或许开始会对“盲人图书馆”觉得奇怪。实际上，与普通的图书馆相比，为盲人和视障读者创办的这种图书馆有着很大的不同。特别像“德国盲人中央图书馆”，更是别具一格。

“德国盲人中央图书馆”创建于 1894 年，是德国最古老的一家盲人公立借阅图书馆，在世界上享有盛名。现藏有盲文图书与杂志 16 500 册，全部用布莱尔盲文制作。全球古典与现代文学作品、专业文献、游记与参考书都能找到，像《哈利·波特》一类的畅销图书，借阅的读者络绎不绝。另外，还藏有 1 000本儿童图书，大量立体可触式地图、8 000 盘有声磁带与 3 500 张光盘。

“德国盲人中央图书馆”不只是一家传统意义上的图书馆，馆内虽然没有宽敞的阅览室，不像一般图书馆那么热闹拥挤，但是80名工作人员十分繁忙，负责借书和出书。他们每天要把图书免费邮寄给那些通过电话、传真或电子邮件定购的用户。近年来，它的服务范围不断扩大，除了为本国的盲人与视障人士外，还提供海外借阅服务。自从1991年以来，该馆借出图书的数量增长了两倍多，现在的年借阅量已超过15万册。

该馆不但拥有出版社和印刷室，置购了齐全的图书装订设施，而且配备了现代录音工作室，能生产图书与音频电子书，把所有的文学资料转为盲文或刻录成光盘。共出版了17种供盲人与视障人阅读的杂志，其中的大部分由工作人员自己动手编辑。为了多出书，出好书，他们投入大量的精力。多年来，图书馆一直坚持更新图书。把一本厚厚的图书转为盲文需要耗费许多时间，占用大量空间，通常是普通印刷图书的3倍。音频图书也是非常重要的，其中的一个原因是视障情况大多发生在人年纪大的时候，而老年人掌握盲文通常很困难，不可能重新再去学习。

从1999年起，Thomas Kahlisch博士一直担任“德国盲人中央图书馆”的馆长。他本身就是一位盲人，对失去视力有切身的体会，决心为同类兄弟姐妹解除痛苦、摆脱困境贡献自己的力量。他所学的专业是信息技术，正好可以为盲人和视障人施展自己的才华。在Thomas Kahlisch博士卓有成效的领导和推动下，该馆大力引进和运用最新发展的信息技术，取得引人瞩目的成果。例如，成功地开发莱比锡市视障人在线支持与信息服务项目，可以为盲人推荐网站与软件。

五十多年来，“德国盲人中央图书馆”利用自身的录音室制作了大量的有声图书。电子技术的使用使它如虎添翼，有声图书的出版向着更高层次迈出了一大步。由于“DAISY”（数字无障碍信息系统）的运用，该馆制作的新一代供盲人使用的数字化有声图书面世。与磁带相比，光盘使用起来更加便捷，一张就可以录下多达70个小时的音频信息。存储信息方式的根本改变，使盲人和视障读者的“阅读”更加方便。他们能通过特殊的倒退装置快速找到想要听的内容，而这点以前是根本无法办到的。

制作盲文乐谱，是“德国盲人中央图书馆”的传统做法。它共藏有5 300份乐谱，供全世界盲人音乐家借阅。但是这与普通人使用的乐谱相比，收藏量的比例极小，而且现代音乐作品的盲文乐谱几乎是空白，无法找到。从1995年起，德国已不再制作盲文乐谱。

德国联邦健康与社会保障部提供资金支持的“DaCapo”（音乐再从头开始）项目，使“德国盲人中央图书馆”的盲人乐谱制得以恢复，大大地增加了盲人音乐家的就业机会。该馆创建了借助计算机来制作盲文乐谱的方法，并建立了一个配套的高效寄递系统。该馆还承诺为用户提供“盲人视觉识别系统”服务，工作人员接到用户的要求后，可以使用音频数据在一周内将计算机中的乐谱免费转化为盲文版的乐谱。

一个多世纪以来，“德国盲人中央图书馆”一直坚持为盲人与视障读者提供高质量的教育材料，积极传递信息，大力开展娱乐活动，深受他们的热烈欢迎和高度评价。一位盲人深有感触地说：“在这里，你‘博览’群书不需要看得见，而需要的是你的触觉与听觉。”

斯图加特市新图书馆：书的魔方

斯图加特市新图书馆位于德国斯图加特市欧盟区发展中心区附近，这里是未来的市中心。建筑外壳采用浅灰色的清水混凝土和磨砂玻璃材料的双层结构，双层墙里面有一个走廊，人们在里面步行感觉很特别。夜晚的灯光效果为蓝色，外观看上去就像一个巨大而复杂的两种颜色的魔方。图书馆平面呈正方形，长宽各44米，高40米，占地面积1.1万平方米。地下两层，地上9层，四个方向皆有入口。

斯图加特市新图书馆出自韩国设计师 Eun Young Yi 之手，在1999年全球235件建筑竞图中脱颖而出。这位年轻的设计师毕业于汉城汉阳大学，接着到德国留学，后领到德国建筑师执照，在科隆成立自己的公司。该项目于2009年6月奠基，经过11个月的建造，大楼主体于2010年5月封顶，接下的时间用于室内装修，耗费79亿欧元。整个建筑物由形体，外壳，核心组成，交通空间则在这三层之间组织，这种清晰的几何建筑的灵感来自牛顿纪念碑以及古老的万神殿。新图书馆是典型的内向型代表，外形为简单的方块，内部却呈漏斗状。这幢斯巴达式的建筑曾被人嘲笑，说像座“堡垒”，更适合作监狱用。但设计师 Eun Young Yi 不以为然，甚至在图书馆中央设计了一个称之为“静默屋”的巨大空房间。斯图加特市新图书馆在给人们知识力量的同时，同时带来了视觉美的冲击。说它已跻身于世界最美的图书馆之列，一点也不过分。

通过入口大厅，人们可以从四面八方进入图书馆。圆形门厅有自动还书机器，可以透过玻璃窗观看系统运行，这里还有电子显示屏、电视墙、等待区和报纸阅读区等。内核是一个像万神庙那样的古老房间类型，地板中心还有一个 1 平方米的喷泉，屋顶上方为天窗。阅览区借鉴法国国家图书馆设计，整个开放并呈漏斗状，每层都有循环交通。管理工作区域采用无眩光自然光，宽敞的走廊及大门保证书本运输的安全。论坛划分为两个单独的活动室，可供 300 人使用。其他公共场所分为体区域、个人工作区域、休息室和会议室等。餐厅设在 8 楼，读者可以透过玻璃幕墙欣赏外面的风景。卫生设施齐全，有男女卫生间、残疾人卫生间、母婴室和更衣室等。屋顶采用钢结构，由 4 组大的矩阵玻璃组成。上面覆盖太阳能光伏板。同时具有遮阳设备。在建筑物的第五立面有一个屋顶露台，人们可以从 8 楼到达，饱览斯图加特的全视野风景。

读者进入内部，发现别有洞天，耳目一新，无不被其朴素却极具感染力的空间所打动。全馆皆无直接照明，并同样使用白色为主调，环型中空的通透设计更加凸显出开放的空间，使人倍感温暖。像超市货架一样被有序陈列着的图书均可一览无余，让人觉得图书才是这里的主人。楼梯是新馆最大的特色，看似复杂的外挂楼梯将整个空间连接一起，读者在上楼的同时可以一览整个图书馆布局，探索周围的环境。专门供孩子们阅读的区域色彩丰富，图书都放在低矮的木箱中以方便拿取。

斯图加特市图书馆馆长英格丽·巴士曼十分满意，她为了从位于市中心夏洛特广场太小的威廉宫图书馆把馆藏搬到新图书馆，花了一年半的时间。该新馆比原来旧图书馆大两倍，藏书约50万册，其中包括电影、录音、音乐制品，艺术品，报刊和数字媒体等，2011年10月21日晚，斯图加特市新图书馆举办落成庆典，斯图加特市长沃尔夫冈·舒斯特博士等嘉宾和各界人士参加。巴士曼感叹道："对我来说，这是一个激动人心的时刻。即使它是空的，也给人以无穷的遐想。现在既然摆满了图书资料，终于体现出真正的价值。"

新馆于2011年10月24日德国全国性的"图书馆日"正式对外开放。巴士曼在就职演说中指出，从建筑结构上看，斯图加特新的市图书馆很引人注目。外部设计以简朴的知识堡垒出现，内部呈现的是壮观的书籍王国。更重要的是建筑物紧跟数字化步伐，与时代接轨。新馆不仅仅是砖和砂浆堆砌而成的建筑物，还将作为知识和文化的中心，起到对话和交流的作用。以有利于个人、专业和社会发展为方向，是新社会和新精神的"基石"。

德国图书馆体系浅谈

德国是联邦制国家，在政治体制上分为两个层级：一个是国家级别的联邦；一个是州，州在教育、文化等方面拥有自治权。因此，德国的图书馆体系也是实行双轨制管理，具体来说，则分为以下几个层面：

国家图书馆

由于历史等方面原因，德国从来没有拥有过真正意义上的独立的国家图书馆。东西德合并以后，国家图书馆主要由莱比锡的德意志图书馆、法兰克福的德意志图书馆以及柏林的德国音乐档案馆合并而成。国家图书馆代表德国参与国际图书馆行业的活动，执行国家图书馆的基本职能，即依法接受德国国内出版物的缴送本和编制国家书目。德国国家图书馆是全国的书目中心，负责编制国家书目，并积极参与国家信息系统的建设，应用自动化网络技术和开展国际联机服务。值得一提的是，虽然图书馆事业很发达，但德国至今没有制定《图书馆法》，德国的图书馆没有统一的法律法规来管理，因而图书馆的发展空间都比较大，并且各具特色。德国的图书馆一般由行业协会或图书馆咨询委员会负责管理。

高等院校图书馆

在德国，高校图书馆的作用很重要，仅次于公共图书馆。德国的高校图书馆发展到现在，已达到500余所，比较著名的有海德堡大学图书馆、格丁根大学图书馆、维尔茨堡大学图书馆以及康斯坦茨大学图书馆等。德国的高校图书馆除为该校师生和教学科研服务外，还面向社会大众开放，这与我国高校图书馆有很大的不同。当然。其中也有国情不同以及图书馆事业发展水平不一致等原因。

公共图书馆

德国的公共图书馆包括社区图书馆、教会图书馆和乡镇图书馆。德国的社区图书馆由各州统一负责管理，少部分社区图书馆在资金上可以得到州政府的支持。德国有16个州，只有4个州政府有这种支持，他们都由各州的中心图书馆来完成经费支持和义务指导。乡镇图书馆的情况与此类似。社区和乡镇图书馆是德国图书馆体系最基层的组成部分，虽然规模不大，但在面向基层民众提供阅读服务方面发挥着重要作用。他们的服务对阅读理念的普及很有助益。

教会图书馆则有很长的历史，一般都是与当地政府签订合同，然后向公众开放，政府方面也会给图书馆提供一定的资金。而也有一部分教会图书馆只面向教徒开放。绝大多数教会图书馆都是由业余人员担任管理员，他们一般都是没有工资的。

专门图书馆

在德国，也有一些专门针对某一群体或领域的图书馆，如青年图书馆、老年图书馆、盲人图书馆、音乐图书馆，甚至包括监狱图书馆等。其中，最为著名的是慕尼黑国际青年图书馆，世界上1 000多个图书商会定期将他们最新出版的青少年图书赠送给该馆。除此之外，还包括由巴士车改装成的流动图书馆，主要用于对乡村读者的服务。

德国的图书馆咨询委员会

在德国各州，还都设有州图书馆下属的图书馆咨询委员会，这也体现了德国图书馆体系的双轨制管理特色。图书馆咨询委员会的主要职能是负责全州的图书馆事业建设与发展，目的是保证全州居民拥有同等的享受文化的权利，实现图书馆的合理布局。委员会的一个主要任务就是为图书馆提供经济上的支持和专业上的咨询服务。因为德国的联邦制体制，目前很难通过州图书馆来管理各个地区的图书馆。而委员会在当地了解具体情况和读者需求，由他们自己来进行布局，就更容易一些。委员会除了在资金、专业咨询和信息方面提供帮助之外，还起到与当地民众沟通的作用，增加民众与委员会、图书馆之间的信任，这有利于对图书馆的宣传与推广。

图书馆咨询委员会的主要工作则包括：帮助读者借阅图书，协调各个图书馆之间的运作；为扩建和新建图书馆提供咨询服务和进行可靠性研究，比如蓝图的规划、现代化技术的应用等；拓展图书馆的业务，包括提供演讲场所，提供新书发布会的场所和部分经费，举办读者沙龙等；对于缺乏现代化信息技术应用的小型图书馆，每年出版两期刊物，专门向他们推介图书馆信息化建设、发展情况的信息资料。

雅各布－威廉·格林中心：柏林洪堡大学的新图书馆

古老闻名的德国柏林洪堡大学建立于1810年10月，由当时的普鲁士教育大臣、德国著名学者、教育改革家威廉·冯·洪堡创办，后被誉为“现代大学之父”。洪堡大学位于柏林市中心菩提树下大街，所在地为海因里希王子宫，是普鲁士国王腓特烈二世为其弟弟亨利王子修建的宫殿。洪堡大学开设了包括人文、社会、文化、人类医学、农业、医学和自然科学等领域在内的所有基础学科，目前共有11个院系、11个交叉研究中心、18个研究生院和两百多个专业或科系，学生3万多人。该校致力于培养学生多方面的人文综合素养，并开创了教学研究一体化的新模式，曾培养出马克思、黑格尔、爱因斯坦、格林兄弟等许多世界著名的学者。世界上许多高等院校纷纷把洪堡大学作为学习的样板，据说在此后一个半世纪里建立的大学都继承了它的这种办学方针。

2010年，洪堡大学迎来200年校庆，学校到处呈现出一派欣欣向荣的繁华景象。对于全校师生来说，最大的实惠莫过于2009年10月开放的一座新的图书馆——雅各布－威廉·格林中心。这是洪堡大学图书馆的主建筑，出自于曾经设计过特里尔博物馆的瑞士著名建筑设计师马克斯·杜德乐之手，总面积37 500平方米，空间138 570立方米，用了3年时间才建成，共耗资7 500万欧元。为了纪念德国19世纪著名的童话作家格林兄弟，所以这座建筑命名为雅各布－威廉·格林中心。

雅各布·路德维希·卡尔·格林和威廉·卡尔·格林分别于1785年1月4日和1786年2月24日出生在黑森州法兰克福附近的哈瑙。20多岁时，兄弟俩开始了语言学与文字学方面的研究。从1807年到1815年，他们以引人入胜的“格林体”叙述方式，出版了搜集整理的《儿童与家庭童话集》，对19世纪以来的世界儿童文学产生了深远的影响。《灰姑娘》《白雪公主》《小红帽》《玫瑰公主》和《不来梅的城市乐手》等童话想象丰富，充满着美丽的憧憬，用善良的心灵和高尚的情操启迪了孩子们的心扉。他们在1816～1818年推出两卷集的《德国传说》，1835年又出版了《德国神话》。传世佳作《格林童话》被翻译成各国文字多次出版，已经成为世界儿童文学的珍宝，深受到孩子们的喜爱。在合作过程中，雅各布侧重于研究工作，而威廉的工作较为细腻，把收集来的内容变成童真风格的文学作品。

雅各布－威廉·格林中心外形极为壮观，内部的装修布置更让人耳目一新，设计充满现代感，功能非常齐全，充分体现了日耳曼民族注意细节的特点。9层楼的图书馆设有1 250个座位，共有250万册藏书，主要涉及人文、社会以及经济学等领域。其中有150万册放在架上，可以随便浏览，是德语文化区规模最大的集中式开架阅览场所。图书馆的心脏是阅览室的大阳台区域，安置了300张书桌，有4个不同的楼层，阶梯状的一层一层降下来，很好的调节了空间，使整个楼变得开阔而活泼起来。读者抬头仰望时，能够透过高高的玻璃屋顶，看到蓝天流云，心情格外轻松愉悦。

该馆还提供个性化服务，有各种不同的小工作室可供读者选择。例如7楼开辟的“托儿所”，专门为那些带着小孩来读书的人创造了惬意的空间。当父母专心学习时，孩子们可以在特制的桌子上画画。整个图书馆使用无线网络，读者能够无拘无束地上网，还可以电子借阅。图书馆每天要接待五六千名读者，上午11时至晚上7时的高峰时间，各个工作室都坐得满满的，找不到空闲的座位。

雅各布－威廉·格林中心真正体现了洪堡大学大力倡导和引以为豪的独立、教育、自由、责任、未来和科学六大特质，坚持开放和严谨的办馆方针。它除了一周7天为洪堡大学所有的师生竭诚服务之外，还敞开图书馆的大门，向全体柏林市民开放，星期一至星期五一直到半夜12点才关门。雅各布－威廉·格林中心离市中心的地铁站仅2分钟的步行路程，还设有小咖啡厅，销售咖啡、小糕点或便捷小餐，因此备受洪堡大学、柏林自由大学和柏林工业大学的莘莘学子和市民的青睐。

“和平”号空间站图书馆：满足宇航员的精神需求

图书常常被作为纪念性的礼物，或为宇航员随身携带，或为宇航员“不可触摸的物品”随宇宙飞船进入太空。1971 年 4 月 19 日，苏联“礼炮－1”号空间站发射后，成为世界上第一个空间站，从此，宇航员们在太空上有“家”了。“居民们”进驻“宇宙之家”生活与工作，因为需要停留一段时间，于是产生了精神需求……不能充饥的好书也会像太空食品一样受人欢迎。

1986 年 3 月 15 日，“和平”号空间站首批宇航员基济姆和索洛维耶夫驾驶“联盟 T－15”号飞船将“礼炮－7”号空间站的重要物资送到新建的“和平”号空间站。货物重量 400 千克，其中有 14 本图书。“礼炮”号属于前苏联的第二代空间站，“和平”号是第三代空间站，也是世界上第一个长久性的空间站。“联盟 T－15”号飞船顺利地实现了世界上第一次往返于两座空间站之间的飞行，因此被称为世界上第一辆“太空公共汽车”。

“礼炮”号各个空间站拥有藏书达几十册，以齐奥尔科夫斯基名字命名的“和平”号空间站图书馆藏书达到了几百册。齐奥尔科夫斯基有“航天之父”之称。空间站的图书都是珍本，有齐奥尔科夫斯基个人捐赠的，也有宇宙航空学奠基者们捐赠的。这些图书有俄文的，也有中文的，主要图书有：1957年和1988年版《在月球上》、1958年版《探索未来》、1920年版《在地球之外》等。齐奥尔科夫斯基还是一名科幻小说作家，他所写的《在地球之外》描写了一些人乘坐飞船在太空里生活的故事。书中写到用小型“着陆船”在月球上降落的构思与现代的“阿波罗”宇宙飞船十分相似。1920版的《在地球之外》曾经三次“访问”“和平”号空间站，1958年版的《在地球之外》两次“访问”“和平”号空间站；该书后来多次再版。奇热夫斯基作序的《宇宙空间的火箭》“访问”过“和平”号空间站，还“访问”过国际空间站。在一次“访问”过程中，宇航学著名学者、火箭制造工程师奥别特在书中留下了自己的墨迹。藏书者将个人最珍贵藏书捐赠给空间站，捐赠的图书还有灿德尔的《利用火箭喷射仪器解决宇宙飞行问题》、吉洪拉沃夫的《火箭技术》等。瓦尔瓦罗夫、科斯莫杰米扬斯基、乌卢格别阔夫、瑟京和索科洛夫纷纷响应号召，为宇宙图书馆捐书。由作者本人捐赠的珍贵出版物一共有28本。这部分藏书，即使在地球上也不一定能够看到。

用基里尔字母、拉丁文、阿拉伯组合字体创作的诗歌和散文，历史的、现代的图书在空间站图书馆聚合了。雷巴科夫的《阿尔巴特街的孩子们》、杜金采夫的《白衣》、莫扎耶夫的《农夫和农妇》，这些1980年出版的图书应宇航员之约，带着作者寄语飞上太空。

“联盟号－TM－4/6号”乘务小组于1987年利用“和平”

号空间站宇宙图书馆藏书在太空举办了首场书展，书展盛况通过宇宙飞行管理中心传播到地面。“书柜”里最珍贵的出版物摆在了台架上，所谓“书柜”是星际间空间站输送补给品时用的口袋和集装箱，宇航员季托夫和马纳洛夫为地球人讲解了地球外空间的文学世界。宇航员展示了许多独一无二的图书，讲述了这些图书出现在“和平”号空间站的历史，特别强调说图书是个人或机关捐赠的。书展“访问者”之一——国家委员会主席克里莫夫信心百倍地说，在不远的将来，各个火星考察站都将有这样的图书馆。

宇航员个人携带的图书有普希金、莱蒙托夫、叶赛宁、谢甫琴科等人的作品。格拉兹科夫带着卢斯达维里微型小说飞上太空，这部作品后来赠给了第比利斯博物馆。在飞行过程中，按照”联盟－阿波罗”号计划，齐奥尔科夫斯基的三本图书将进入太空，这三本书分别是1914～1929年出版的《利用火箭喷射仪器研究宇宙空间》《宇宙火箭列车》和《星际飞行目的》。书是从卡加卢博物馆借出来的，还书时，书中留下了宇航员列昂诺夫、库巴索夫等人的墨迹。这几本书后来大量再版，带着宇航员的题字与签名，再次登上宇宙飞船，重访“和平”号另一个空间站。

前苏联国民经济成就展览馆于1987年5月22日在“宇宙”馆举办了一次大型图书展览，以此纪念伟大的十月革命胜利70周年和航天事业走过30周年。“曾经遨游过太空的出版物引起了人们极大兴趣。这些出版物多数是抒情诗集，如维索茨基的诗歌集《神经》。上校别列佐夫曾带着这本书飞上了“礼炮－7”号空间站。乌沙切夫在空间站得闲时在宇宙飞船上阅读布尔加科夫不朽的作品，再次发出由衷的赞叹。帕达尔卡也一样，他在闲暇之时反复阅读契克夫的作品，而且因为阅读果戈里作品的译本，他迅速地提高了自己英文水平……

基德杰恩卡等宇航员在新的国际空间站上首先着手建立宇宙图书馆。许多宇航员喜欢阅读伊利夫和彼得洛夫的作品，他们的长篇小说《12 把椅子》、《金色的长笛》不只一次鼓励着航天英雄们在外空间环境中积极面对极其复杂的工作。

美国国家航空与航天局宇航员马斯格霍夫 6 次飞上太空。1997 年，他在《和平》号空间站工作了半年，宇宙图书馆给他留下了深刻的印象。飞向宇宙时，他带着“诺贝尔”奖获得者费恩曼的量子电动力学和科幻文献。马斯格霍夫精通俄文，在业余时间喜欢阅读普希金的诗篇和陀思妥耶夫斯基的散文。

1996 年，美国女航天员香农·露西德在“和平”号空间站度过了 188 天。她是世界上在太空飞行时间最长的女性，当时她已年过半百，是三个孩子的母亲。她说，在日复一日漫长飞行过程中，是阅读支持着她。当她在空间站驻足时，女儿们给她寄来约一百本图书。非常遗憾，这座图书馆留在“光谱”舱，1997 年 6 月发生了货运飞船撞击“光谱”舱的事故，该舱被迫关闭。香农·露西德回忆道，难过的一天来到了，这是“和平”号的最后一天，她十分惦记留在宇宙飞船上那些自己喜爱的图书。

1999 年春天，俄罗斯航空航天局（现为俄罗斯联邦航天局）收到俄罗斯文化部的请求，请求反复说明将“和平”号空间站上的珍本藏书运回地面的必要性。请求中还说，包括有关航天界优秀活动家的图书在内，文字性图书是众多文献中最珍贵的，这部分图书出版时，当代宇航员还是少先队员，书中留下了他们孩提时读书笔迹，那是对航天事业的美好向往、对宇航员崇拜的真情流露。航天局领导意识到了这个请求的重要性，于 1999 年 5 月 6 日电传宇宙飞船执行命令，首先确保图书万无一失。这次行动引起极大关注。为了完成这次具有特殊意义的太空运“书”任务，指挥专家们专门安排出了时间。阿法纳西耶夫、阿夫杰耶夫每天工作几个小时，连续作战了两个星期，登记宇宙图书馆全部藏书，顺利地找到航天界优秀活动家的部分图书……。

但是现在，以齐奥尔科夫斯基名字命名的、空间站独有的图书馆消失了，这件事使人们非常遗憾。成功返回到地面的图书、杂志和其他文字出版物成为名副其实的无价之宝。图书馆、博物馆、教育教学部门和其他机关、个人藏书室争先收藏它们并以此为荣。他们纷纷表示，自己有责任珍惜、呵护好这份重返地球的珍贵礼物。

俄罗斯国立图书馆：“俄罗斯的记忆”

俄罗斯国立图书馆是欧洲第一大图书馆，藏书总量仅次于美国国会图书馆，居世界第二位。该馆始建于19世纪60年代。1862年鲁缅采夫博物馆由彼得堡迁往莫斯科，迁入由著名建筑师巴热诺夫设计，坐落于克里姆林宫旁的帕什科夫楼。同年，作为该博物馆一部分的莫斯科第一所免费公共图书馆开放，即莫斯科公共博物馆及鲁缅采夫博物馆图书馆，一般称鲁缅采夫图书馆。该馆当时的馆藏主要来自于著名国务活动家鲁缅采夫伯爵丰富的藏书。鲁缅采夫伯爵于1826年在圣彼得堡去世，出于“有益于祖国和教育”的目的将其藏书捐赠给该馆。从1862年建馆之初，鲁缅采夫图书馆便开始接受缴送本。十月革命后，1918年3月，苏维埃政府迁往莫斯科，鲁缅采夫图书馆成为当时苏联主要的图书馆。1921年被赋予国家书库职能；1925年2月根据苏联中央执行委员会主席团的决议，更名为苏联国立列宁图书馆；1992年，根据俄联邦总统1月22

日第 38 号《关于建立俄罗斯国立图书馆的命令》，俄罗斯国立图书馆在苏联国立列宁图书馆的基础上建立，并成为法定缴送本保存馆。

俄罗斯国立图书馆隶属于俄罗斯文化部。国立图书馆设馆长一人，副馆长 5 人，大部门 11 个，中心 10 个，部处 60 个。主要部处有博士论文部，缩微部，外文采选与国际交换部，文献修复科研中心，图书馆学科研部，图书馆书目分类法发展科研中心，分类与主题目录部，书目学科研部，基本馆藏保存部，电子资源利用部，教学部，善本部，国际交流中心和国内文献采选部等。俄罗斯国立图书馆共有阅览室 22 个，座位 2 103个，主要服务方式为：普通阅览，外借，书目咨询，参考工具咨询，专题书目，各种文献的电子目录，使用计算机及因特网，馆际互借，书展及新书展览，专题信息传播服务，翻译服务，读者信息知识培训等。

俄罗斯国立图书馆是俄罗斯联邦国家图书馆、国家书库、国家级科学研究和信息机构及文化中心，也是俄罗斯联邦最大的图书馆学与书目学研究中心之一。收藏国内外文献，藏书丰富，内容全面，是俄罗斯联邦各民族珍贵文化遗产保存地。图书馆的主要使命是创造条件发展科学、教育和文化，传播知识和信息，收集、保存和向社会提供使用综合性的、反映人类知识，与俄罗斯有关的馆藏文献。图书馆汇集了大量藏品，其中以图书收藏为最庞大部分。书库位于一幢 19 层建筑中，收入的藏品相当珍贵：除完整收藏俄罗斯的全部印刷出版物和作品外，还大量引进俄罗斯知名科学家、文化教育工作者以及杰出的私人收藏家的藏品。俄罗斯国立图书馆共藏有 249 种语言的 4 280 万册藏书，其中图书与小册子 1 590 万册，杂志1 310万册，连续性出版物 130 万册，标语文字出版物 130 万册，特种科技文献 220 万册，博士论文758 800件，档案和写本资料50多万件，未发表的文化艺术资料15 200件，声像资料30 900件，缩微文献300多万件。140年来，数不清的读者享用着俄罗斯国立图书馆的资源，该馆由此也被称为“俄罗斯的记忆”。

莫斯科大学图书馆：俄罗斯各高校图书馆的领导机构

莫斯科大学（全称莫斯科国立罗蒙诺索夫大学）是以俄国伟大学者罗蒙诺索夫的名字命名的，始建于1775年，校园建筑宏伟壮观，是全俄最大的大学。莫斯科大学图书馆是俄罗斯最大的大学图书馆，也是俄罗斯最古老的图书馆之一，全称莫斯科国立罗蒙诺索夫大学高尔基科学图书馆。该图书馆在1755年莫斯科大学创建时建立。1756年，即莫斯科大学成立一年后，大学的图书馆便对外开放。1863年前，她曾发挥公共图书馆的职能，主要为当地大学教授服务。1926年开始接受出版物呈缴本。从1756年以后的100多年里，莫斯科大学图书馆是莫斯科唯一的公共图书馆。

目前，莫斯科大学馆共有藏书1 000万册，其中，外文文献有300余万册。馆内藏有70种俄罗斯国内民族文字和52种外文的科学文献，共740多万册（件），国外文献240多万册（件）。藏书中有许多珍本，包括古斯拉夫文手稿与最早的印刷物、欧洲与东方古籍珍本、著名学者的手稿和档案等。还辟有 42 个专门收藏室收藏俄罗斯历史上 42 位著名学者和社会活动家的有关文献与档案史料。莫斯科大学图书馆的馆藏书籍供莫斯科大学各教学、科研机构使用，而且莫斯科大学的每个系都有供学生读书的阅览室。馆内设有 20 个借书处，90 个阅览室，5 500 多个座位，为 67 000 多名读者提供服务。图书馆共设有 50 多个部门，其中，仅读者服务和文献收藏部门就有 25 个，还有馆际互借部、古籍及手抄本书库等等。莫斯科大学图书馆不仅是校内最大的学术和教育辅助机构，也是俄罗斯全国各高校图书馆的业务领导机构和全国外文科学文献中心。该馆重视书目和文献情报工作，各种目录组织完善，体系健全；编印馆藏国内外文献的书目、索引，以及社会政治、人文科学、自然科学、科学史、苏共党史和马克思恩格斯列宁著作研究等专题书目与专题文献索引；出版成套的文摘刊物，如：科学共产主义、自然科学哲学、天文学、文化研究等专题。

现在，莫大全校已形成完整的文献信息系统，由综合性的图书馆总馆、各系的图书馆分馆和提供教学参考书等学科文献的专业阅览室组成。随着时代的发展，莫斯科大学图书馆在自动化、网络化建设和电子资源建设方面也取得了突出的成绩，图书馆不断利用新的技术创新服务，使读者享受到更便捷、优质的服务质量。她正以丰富的馆藏、先进的设施、舒适的环境、优质的服务默默地为莫斯科大学这所世界一流大学增光添色。

卫国战争期间列宁图书馆的书展活动和员工培训

卫国战争期间，一方面，苏联国内大部分造纸厂、印刷厂遭受重创，多数出版社停业，与1940年比，图书、报纸、杂志等出版物大幅减少，新书入藏锐减；另一方面，镇馆之宝、部分有价值馆藏，如手迹珍品、创刊本、古旧书等运到了乌里扬诺夫斯克州梅列克斯市进行疏散，馆内典藏减少。列宁图书馆年复一年、全心全意举办书展，以此吸引读者参观并借阅图书。书展成为当时宣传流通图书最重要方式。1941～1945年间的书展场次为：1941年89次、1942年175次、1943年255次、1944年110次、1945年240次。虽然战争爆发，且1941年因战争疏散了部分图书，1944年末也关闭了部分馆舍，但展出的图书册次一年比一年多。

1941年，军事、社会－政治专题书展是重点。1941年7月23日举办了战后第一场书展，主题为“国防文学”。1942年，军事、社会－政治专题书展依然是重点。举办军事专题书展60次，每次书展都展现了国人的愿望——击溃德国侵略者，反希特勒联盟苏、英、美三国与共同的敌人血拼到底。举办社会－政治专题书展32次，展现战前国家发展成就，鼓舞士气。为纪念伟大十月社会主义革命胜利25周年举办的大型“苏联出版业25周年成就展”颇有影响力，同一专题书展还有“纪念伟大十月革命25周年”“伟大十月社会主义革命周年纪念日”。为纪念《真理报》创刊30周年举办2次专题书展。文学作品专题书展35次，“敌人不投降，就消灭他”“纪念M·高尔基逝世6周年”等。还举办历史专题书展13次，农业经济2次，医学2次。

1943年是战争期间举办书展次数最多的一年，军事专题书展仍然是重点，达到53次。1944年，军事行动转移到境外。在社会－政治专题书展方面，大家给予从法西斯魔爪中获得自由的欧洲国家极大关注，如保加利亚、波兰、罗马尼亚、法国、捷克斯洛伐克、南斯拉夫等。1944年，获得解放的苏联各个共和国也是大家关注的焦点，列宁图书馆还举办了“献给乌克兰、献给白俄罗斯”专题书展。

1945年，为庆祝卫国战争取得伟大胜利，列宁图书馆举办军事专题书展21次，社会－政治专题书展60次。战争结束后，重要任务是恢复被破坏的经济和社会生活，恢复和各个国家友好关系，国家进入和平建设阶段。1945年专题书展重点是战后和平建设与社会生活。

感谢图书管理员的平凡劳动。因为是他们在险恶战争环境克服困难举办书展，吸引读者参观书展、借阅图书。卫国战争期间，列宁图书馆的员工培训规模缩减许多，培训形式只剩下学习班了，但图书馆人仍然依靠自己的力量坚持着。

突如其来的战争严重破坏了图书馆教育事业的发展。战争初期，列宁图书馆大学大门紧闭，停止招生；位于斯捷尔利塔马克市的莫斯科图书馆大学也在准备撤离；图书馆专家疏散；青壮年图书管理员投笔从戎参加红军或民兵奔赴前线；还有百余人在 1941～1942 年可怕的严冬丧生，留守员工骤减。当务之急，图书馆需要补充大批图书管理员。

战争扰乱了图书馆员工培训计划和秩序。1941 年后半年、1942 年，培训工作完全中断。1942 年，3 个初级培训班开课，受训人员约 100 人。较有经验的图书管理员直接参与培训，在工作现岗一对一定员培训。指派辅导老师一对一现岗培训新员工的做法是列宁图书馆培养新员工的一种新形式。事实证明，这种形式在极其恶劣的战争特殊环境中行之有效、立竿见影。

1943 年图书馆办公室具体负责员工培训工作。同年秋季，首先为没有从事过图书馆工作的新员工组织了为期 6 个月的培训班。图书史、主题目录史的学习班也开课了。采访部、编目部、典藏部等部门也为新员工成立图书馆基础知识学习小组，学习图书馆学、采访学、分类与编目学。1943 年末又成立 10 个外语小组。一年以来受训员工 200 多人次。列宁图书馆终于渡过难关。

学位论文答辩工作在战争期间暂时停止。1943 年 10 月，研究生班工作恢复正常。1941 年招考的 3 名研究生中只有一人留下来从事图书馆工作；1942 年招考的 3 名研究生从事社会－政治文献书目、文学艺术文献书目和目录组织工作。1944 年又有 4 名研究生充实到图书馆专业队伍，他们研究方向是历史文献书目、文学文献书目、图书采访。图书馆业务水平整体稳步提高。

图书馆员培训秩序在 1944 年得以真正全面恢复。培训形式多样化、培训方向多元化，有大量工作需要调整实施，列宁图书馆于 1944 年 4 月恢复教学部，教学部负责组织培训，组织学习班、学习小组；组织听课、听报告；组织新员工参观学习；组织编撰教学资料。

1944～1945 年，该馆组织了领导型的图书管理员学习班，这是 1943 年 11 月 2 日会议的决定。青年员工通过培训班学习，取得毕业证书，有的继续深造考取图书馆学院。这种培训形式的学习班一直延续到 1951 年。

卫国战争期间，苏联最大图书馆——列宁图书馆依靠自己力量培训员工，全体图书管理员团结一致，以实际行动执行着斯大林当时非常著名的命令——“决不后退一步!”坚守着图书馆这块阵地，等待着胜利的到来。

法国国家图书馆新馆：超级图书馆并非只有外表光鲜

目前的法国国家图书馆密特朗馆址是于上世纪90年代末建成的，又名密特朗国家图书馆。正是法国前总统密特朗决定建造这座新馆。法国国家馆新馆是密特朗时代的十大总统工程之一，他于1988年7月14日法国国庆日这天宣布了“建造世界最大的、最现代化的图书馆”计划。该工程被称为跨世纪的宏伟工程，工程设计方案是通过大型国际设计招标而选定的，法国青年建筑师多米尼克·佩罗主持的设计方案一举夺标。不过在新馆建设之初，各方面的争论不断，主要集中在三个方面：有人指责密特朗不顾法国经济现实而耗巨资建造这样一个超级图书馆，将会加速法国的经济危机；另有人提出信息化、数字化、网络化时代，究竟还有没有必要建造一个图书馆巨人；还有人对图书馆本身的构思设计以及对钢和玻璃结构是否适合图书的保护条件等提出质疑，并认为新馆建筑会破坏巴黎整体建筑群的和谐。但密特朗顶住各方压力，始终全力地支持这一工程。直到工程竣工，密特朗总统还拖着重病之躯亲自为工程完工剪彩，充分体现了密特朗为此工程所倾注的心血。

法国国家馆新馆的建筑设计和室内装饰、设施的配置采用了先进的科学技术，实现了内外和谐。新馆堪称一座超级图书馆，它占地 7.8 公顷，总面积为 35 万平方米。图书馆建筑以四幢直插云霄、相向而立，如同打开的书本似的钢化玻璃结构的大厦为主体，每座高 79 米，楼内 7 层是办公区，11 层为书库。四座大厦之间由一块足有八个足球场大的木地板广场相连。中央是一片苍翠茂盛的树林，围绕着这片浓密树林的是它的两层阅览室，其中有两个主阅览室分别有两个足球场大小。该馆的建筑设计体现了很强的环保意识。它最早的构思就是从两片树叶开始的。从外表到室内见不到水泥、瓷砖、石灰、塑料、壁纸、油漆等材料，走遍这个图书馆能看到的就是四种材料：玻璃、金属、木板、红地毯，所有的墙壁或是铝合金或是玻璃材质，地面从室外到室内全是木质的，家具也大都是木质的，玻璃及金属材料给人以强烈的现代意识，木地板和森林则使人感觉返璞归真。图书馆的四座大厦外表是玻璃的，主要为了保护图书，避免阳光辐射，玻璃内则增加了一层活动木板墙。因此，当阳光照射时，大厦就变成了本木色，背阳光时则亮丽透明。大厦表面的木质活动墙所用木材全部从加蓬进口，广场和室内木地板所用木材全部从巴西进口。在室内空间的组合方面，有许多地方采用了先进透气的钢丝纺织墙，使空气流通。图书馆的四栋玻璃大厦之间有玻璃回廊从底部相连，回廊内侧是宽敞明亮的阅览大厅，从每个阅览室都可以从玻璃回廊看到那片绿色森林。图书馆通过几十条累计有 8 公里长的铁轨，在电脑的指令下，在 10 分钟内将书库的图书送到读者手中。这座图书馆造价 80 亿法郎（相当于一百多亿人民币），其规模远远超过了世界上任何一个国家级图书馆。法国国家馆新馆每年的运作经费占法国文化预算的十分之一，几乎相当于一个非洲国家一年的财政预算，因此有人把它称为图书馆的巨人。

从法国国家馆新馆的建设，可以看出法国人对文化事业的重视。他们注重的并非建造一个外表光鲜亮丽的“图书馆怪兽”（当然实际建造出来的图书馆的确规模宏大），而是更关注图书馆建筑体现出的文化特色，这是法国的文化，也是阅读的文化。而政府领导人对图书馆建设的重视，也是这座新馆能够建成的重要因素。在新馆工程竣工时，密特朗拖着重病之躯亲自为工程完工剪彩，充分体现了法国国家领导人对图书馆和阅读事业的关注，包括图书馆的预算也很充裕，在这种条件下，图书馆新馆的建设才能实现其初衷。

“千湖之国”的图书馆：芬兰图书馆巡礼

芬兰位于欧洲北部，与瑞典、挪威和俄罗斯接壤，南临芬兰湾，西濒波的尼亚湾。海岸线长 1 100 公里内陆水域面积占全国面积的 10%，有岛屿约 17.9 万个，湖泊约 18.8 万个，素有“千湖之国”之称。

喜爱读书的民族

世界领先

芬兰人喜欢读书看报，对书籍、报刊和杂志的需求量很大。据统计，全国每周发行 1～7 期的报纸超过 200 种，出版的各类期刊多达 2 600 种。尽管近年来各种新媒体不断应运而生，然而芬兰人依然保留着酷爱阅读纸质报纸杂志的传统习惯。最新公布的一项抽样调查结果表明，平均每人全年阅读的报纸和杂志分别为 2.9 种和 10.6 种，在年龄 12 岁以上的芬兰公民中至少阅读一种报纸杂志的比例高达99%，继续保持世界领先的地位。

据芬兰教育部统计，2012年访问图书馆的人数近7 000万人次，借阅图书达到1.03亿册，人均20册。此外，上网浏览图书馆网页的人数突破2 900万人次。

读书充电

芬兰经济自2008年下半年陷入衰退，失业率持续攀升，很多人的生活也因此受到影响，但读书热情有增无减，到图书馆借阅书籍的人明显增加。在仅有57万人口的赫尔辛基市，全市37个公共图书馆每月的借阅人数近50万人次，借阅量也从经济不景气前每月的68.2万本增至73.3万本，上升了10%。

“芬兰经济状况不景气可能正是导致这一变化的重要因素，新增加的读者中有很多是学生和失业者。”芬兰坦佩雷大学信息研究所的埃罗·索尔穆宁教授指出，“有许多学生找不到暑期工作，因此选择到图书馆借阅书籍，读书充电，为继续学业或者就业做准备。另外，还有很多失业者希望通过读书获得更多信息，学习一些新的知识和职业技能。”

赫尔辛基德勒湾区图书馆的借阅部主任图伊娅·洛托拉分析说，通常来说，经济状况不景气时，图书馆的读者人数总是会相应增加。之所以会出现这种情况，在于不少芬兰人为了省钱而不再订阅报纸，甚至不再购买新书，转而到图书馆免费借阅书籍。

建起全国图书馆网络

借阅方便

芬兰是世界上图书馆密度最大的国家之一，而且图书馆的利用率最高，从四五岁的儿童到上了年纪的退休老人，许多人的时间都是在图书馆度过的。虽然芬兰人口只有530万，而公共图书馆却达到989个，此外还有近200个移动图书馆。平均每5 000人就拥有一个，每人每月平均至少光顾一次图书馆。

中央和地方政府高度重视，联合投资建立起了全国图书馆网络，以便为所有人免费提供借阅全国各图书馆图书的服务。从儿童到老人，包括侨居芬兰的外国人，只需在图书馆办理借书证，就能够借阅图书并免费上网查询信息。各图书馆还根据读者的要求，利用全国图书馆网络从其他图书馆借调图书。读者借阅外地图书馆的图书非常方便，只需付邮费。

自20世纪90年代以来，芬兰各城市的图书馆不断购置电脑设备，加强对图书的电脑化管理。早在2000年6月，所有的大学图书馆就已进入电脑化管理。通过电脑，师生可以检索和查阅本国和国外图书馆的有关藏书和资料。在赫尔辛基等城市，读者不用走出家门就可以通过电脑预订和续借有关书籍，或者检索和查阅国内外图书馆的有关藏书和资料。时至今日，芬兰各图书馆都已开通了网上服务，有的还为孩子和年轻人开设了专门的网页。日趋完善的图书馆网络满足了芬兰人读书爱好和求知欲望，深受社会各界的好评。

以赫尔辛基图书馆总馆最先进的激光存储检索机为例，储存了自1967年以来芬兰所出版书籍的目录和摘要，有几十万册书目信息。读者只要输入书名或作者姓名，就可以操作检索机查找到所需书籍的详细情况。通过缩微胶卷放大阅读机，还能够查找到赫尔辛基出版发行的绝大部分报纸和芬兰旧报纸。

特别值得一提的是，赫尔辛基图书总馆还准备了一些多用途的房间，以方便作家进行创作，学者检索、查阅、打印资料，有关部门主办专家学术研讨会，学生自习复习功课。用户只需要事先预定或申请便可以免费租用，租期可以从半天到半年。

筹建新馆

芬兰首都赫尔辛基融古典美与现代文明为一体，既体现出欧洲古城的浪漫情调，又充满国际化大都市的韵味。与此同时，她又是一座都市建筑与自然风光巧妙结合在一起的花园城。因市内建筑多用浅色花岗岩建成而有“北方洁白城市”之称，海港市场上耸立的“波罗的海的女儿”铜像成为的象征。在不久的将来，赫尔辛基又要增添一幢雄伟壮观的建筑——新的赫尔辛基中央图书馆。

在几家建筑事务所的激烈竞争中，由美国图书馆协会提交的赫尔辛基中央图书馆设计方案成功胜出。该方案秉承被动式设计的原则，3 层楼馆舍的外表用本地的西伯利亚落叶松木材装饰，富有曲线的动感美。外墙采用三维参数化设计，能确保节能减排的最佳效果，成为芬兰可持续建筑的样板。

新的赫尔辛基中央图书馆占地 16 000 平方米，由 3 个层面组成。底层为充满活力的公共活动空间，里面有多功能厅、餐厅和电影院等，3 个不同的拱形状门厅欢迎所有的来宾，也使得室内外交接融洽。人们可以通过双螺旋楼梯或电梯从底层到达第二层，这里是举办各种研讨会的场所。传统图书馆设在顶层，为读者提供了一个安静舒适的读书环境。在赫尔辛基中央图书馆 2018 竣工交付使用后，整个城市的公共图书馆网络规模将扩大一倍。

青少年的社会大课堂

当今世界上，最好的学校在哪里？既不在美国，也不在英国，而是在风景秀丽的北欧国家芬兰。联合国经济合作和发展组织（OECD）公布的一份关于国际学生评价项目的报告表明，芬兰青少年近年来表现不俗，学习能力一直排在前列，其中 15 岁学生的阅读能力最为突出。他们科学素养很高，与日本学生并列第一名。在数学方面的素质仅次于中国香港，排名第二。在这次的国际学生评价项目中，增加了解决问题的能力这一新内容，芬兰学生仅次于韩国孩子，屈居第二。根据统计，41% 的芬兰中学生最常干的休闲活动是阅读。

报告还指出，与其他国家和地区相比，芬兰的教育发展较为全面和均衡。例如，在全国各地，无论城市还是乡村，学校与学校之间的差别很小。即使家庭背景有所不同，可学生的成绩差距不大，较为均匀。

联合国经济合作和发展组织认为，芬兰青少年的学习能力之所以能够位居世界前列，主要在于政府高度重视基础教育，学校、教师和家长致力于青少年的全面发展，社会各界对教育事业的大力支持。

在教师的带领下，青少年们走出校门，在社会的大课堂里学习。图书馆已经成为芬兰青少年大开眼界、拓宽知识的重要场所。电视、电脑游戏和因特网的存在并没有影响年轻人和儿童阅读书籍，他们进图书馆的次数反而增多。在所有借阅的图书中，儿童借阅图书的数量占 38%。在基础学校高年级的学生中，每 5 人就有 1 个每天在图书馆呆上 1 个小时，享受阅读的乐趣。学校所在的市镇每年还奖励借书最多的学生，以鼓励青少年大兴读书之风。学校和社会如此重视图书馆的作用，在其他国家是不多见的。此举对于提高青少年的阅读理解能力，有着极大的帮助。今天，芬兰已经成为世界上青少年人均读书最多的国家之一。

送书上门

作为对全国公共图书馆网络的一种补充，芬兰各地早在 1966 年就建立起流动图书馆，共有近 200 个。它们穿梭于城市和乡村，满腔热情地提供图书借阅服务。赫尔辛基图书馆总馆下属的流动图书馆专门为学校、幼儿园和养老院等机构服务，由一个书库和两辆大型专用图书汽车组成。其中一辆是成人流动图书车，另一辆是名为“斯纳蒂”的儿童流动图书车。

虽然儿童流动图书车的面积有限，但工作人员精心设计，科学摆设。他们充分利用车厢尾部，用一套儿童沙发和几把小椅子布置出一个温馨舒适微型阅览室。车内藏书种类丰富，内容精彩，摆放整齐。两侧书架上既有幼儿最感兴趣的看图识字书和卡通书，还陈列着青少年喜爱的天文地理科普书和畅销书等，而且赫尔辛基市乃至全国所有图书馆的儿童藏书、音像带和光盘均在流动图书馆的借阅范围之内。

每天下午，“斯纳蒂”流动图书车会轮流到分布在赫尔辛基市的 11 个流动图书站为小读者服务。另外，每天还要到近 40 个服务点为学校和幼儿园更多的小朋友提供图书借阅服务。孩子们总早早地等候着，其中许多只有三四岁。当儿童流动图书车停稳后，小朋友们会在家长陪同下迫不及待地登上去，兴致勃勃地翻阅和查找自己喜爱的图书。

为了满足小读者的需求，工作人员会随时调整和补充流动图书车里的图书。孩子们也可事先通过赫尔辛基市图书馆总馆网上图书馆的儿童网页查询所需要图书，并在网上预订，然后由流动图书车将预订的书籍送到孩子们的手中。如果孩子们发现流动图书馆里缺少自己喜爱的书籍、CD、影视光盘或游戏光盘，还可以在网上填写一张简单表格，说明理由，建议图书总馆购买。孩子们经常在网上对图书馆的服务发表意见，提出改进意见。

赫尔辛基市图书馆：芬兰最大的公共图书馆

赫尔辛基市图书馆是芬兰最大的公共图书馆。建设赫尔辛基市中心参议院广场建筑群时，亚历山大二世特别强调，建筑要立足于信仰、民主、科学与教育，于是有了教堂、参议院、大学。芬兰曾经因为在某一时期（1809－1917）是沙皇俄国的一个自治大公国，该馆获得了保存俄罗斯帝国所有出版物的权力。因此赫尔辛基市图书馆的馆藏了大量俄罗斯文化珍品，俄文和俄罗斯境内其他民族语言的文献资料至今得到全世界学者和影印本出版商的青睐。

赫尔辛基市图书馆向公众承诺：图书馆是公共的、共享的、免费的，是人人可以使用的公共场所。政府给予的财政支持足以满足该馆的需要，补充馆藏、完善信息技术、组织培训等。

图书馆通常为独立实体，有很大空间用来藏书和开展图书信息服务活动。而赫尔辛基市图书馆有所不同，它改变了传统的“经营模式”。该馆联合埃斯波、万塔等市图书馆，建起赫尔辛基大都市区网络图书馆，起名为“HelMet 图书馆”。其特点是：统一发放读者借阅证，方便网络和实体馆环城通借通还；统一图书目录检索系统，全面反映各个馆馆藏信息；统一物流即文献配送，保障读者在最方便的图书馆借到需要的文献。借书如此，还书也一样。“HelMet 图书馆”的研究课题是——未来图书馆的物流解决方案，目的是创建一个物流系统，提高图书馆馆际合作之间的效率；强化图书馆馆际合作网络化形式；寻求与物流公司之间合作的最佳形式。

“人人都成为图书馆读者”，这不是赫尔辛基市图书馆服务最高境界，尽管读者量是世界图书馆界公认的考察一个图书馆经营成效的硬性指数。读者大有人在，阅读方式、途径很多，绝非仅局限于图书馆里。

赫尔辛基市图书馆当前的主要任务——培养市民利用图书馆解决个人问题，包括休闲、娱乐等。图书馆员的座右铭是“提高读者生活满意度”“我们的任务 = 信息 + 快乐”。

“HelMet 图书馆”开放初期，读者蜂拥而至，访问量很大，初始一个月间全城 1/5 的市民光顾过这里。不同的读者有着相同的感觉，那就是：舒适。

“HelMet 图书馆”建馆较早，是欧洲首批大都市区网络图书馆之一。这是由各个图书馆专家参加的图书馆业内网络咨询机构，其职能利用网络资源，利用图书馆馆藏文献资源，以多种语言解答读者问题，兼顾把问题、答案进行规范性整理。俄罗斯图书馆员总结了赫尔辛基市图书馆的几条办馆经验：

1. 芬兰公民获取信息，包括获取文化、教育、科学信息、使用信息技术的权利基本上是在图书馆实现的。

2. 图书馆资金使用指向明确，没有盲点或误区，免费服务基础设施落到实处，读者大受裨益。

3. 重视读者需要，并视之为重要课题研究，有的放矢投入，提高读者对图书馆的满意度，树立了图书馆文明形象，赢得了良好口碑。

4. 图书馆适宜各个年龄段读者使用，儿童和少数民族读者在图书馆拥有“特权”，图书馆特设少儿部，以满足小读者的阅读需要。

5. 纸质文献全部可以借出馆外阅读，机读文件也允许借出，因涉及移动阅读设备，借期较短，只有一个星期。

6. 国家财政拨款数额不因访问图书馆读者数量、借出文献册次而定，而是遵循有权享受图书馆服务的人口数量，以公民权的益实现为目的。

古巴何塞·马蒂国家图书馆：缺少足够的研究资料

1901 年美西战争后，美国将军伦纳德·伍德成为古巴北美军事占领政府首脑。根据 10 月 18 日颁布的第 234 条军事法令，成立古巴国家图书馆，并任命唐·多明戈·菲格罗拉为国家图书馆馆长。菲格罗拉为图书馆捐赠了首批馆藏，共 3 151 卷书籍。该馆最先坐落在皇家城堡，后馆址多次搬迁，辗转数地，至 1949 年，图书馆员工理事会决定将图书馆命名为何塞·马蒂国家图书馆，用以纪念古巴民族英雄、著名诗人、思想家和国家反对殖民主义和帝国主义的象征何塞·马蒂。理事会用 30 万比索购买了土地，在获得公共工程部的批准后，于 1952 年 1 月 28 日开始建设国家图书馆新的馆舍。1957 年 6 月 12 日，何塞·马蒂国家图书馆新馆正式启用。1959 年古巴革命后，古巴图书馆事业得到进一步发展。古巴政府决定，凡属于前独裁者巴蒂斯塔及其追随者的图书均移交给国家图书馆，供古巴人民使用。这既丰富了国家馆馆藏，也推动了全国各地的图书馆工作。同时，国家图书馆还积极开展馆际互借，其书目研究部编制了科技期刊联合目录和社会科学与人文科学联合目录；该馆还设有专门的儿童和青年部，推动青少年阅读工作，与世界各国图书馆开展资料交换。进入新世纪后，随着计算机技术在图书馆界的不断应用，何塞·马蒂国家图书馆也在馆内安装了供公众使用的计算机，技术部门人员正在开发网络，通过该馆的网站可以查询书目信息，另外通过通讯网络BINANET可以连接各省的公共图书馆与国家图书馆。

古巴国家图书馆拥有藏书300万卷，时间跨度6个世纪。期刊75 000种，均有目录卡片。手稿28 285卷，包括何塞·马蒂的珍贵手稿。15～17世纪的善本书2 000件，包括世界级的珍宝——15世纪的西班牙文手绘地图。此外，还拥有乐谱14 075件，图片20万件，招贴画11 000张，视听资料76 000多件。目前，由于美国强加给古巴的贸易禁运，使何塞·马蒂国家图书馆缺少足够的研究资料供用户使用。因此国家图书馆希望能与各国图书馆加强合作，采选、交换图书馆与读者需要的文献资料。目前迫切需要参考书、双语字典和英文或西班牙文科技类图书。

圭亚那国家图书馆：也为监狱提供服务

圭亚那国家图书馆的前身为成立于1909年9月的乔治敦免费公共图书馆，当时为封闭式系统，读者借阅时需要填写索条。1940年开始使用杜威十进分类法，1941年起开展公共演讲活动，1942年儿童图书馆开馆，除了讲故事、展览、放映电影，还有开展青年组活动。1950年不列颠圭亚那立法会要求图书馆管理机构将其服务扩展到乔治敦以外地区，促进迅速发展起来的全国范围服务，该馆也更名为圭亚那免费公共图书馆，同时陆续开设分馆。1960年放宽借阅限制，1966年开始复制服务，并承担监狱图书馆服务。1968年成为联合国出版物保存库，1970年开始开展了流动图书车服务。1972年有关图书馆的法律修正案颁布，圭亚国家图书馆正式成立，其功能方面国家图书馆和公共图书馆兼而有之，而《报纸修订法》颁布使国家图书馆成为圭亚那所有出版物的法定保存库，当地印刷的出版物每种缴送1册。1973年起国家馆编辑出版季刊

《圭亚那国家书目》，1975 年设立了中心图书馆，1979 年引进图书馆学习认证课程，这属于圭亚那政府和联合国教科文组织联合开展的图书馆助理员培训计划。1990 年专门开设了保存本库。1993 年以来中心图书馆和分馆逐渐购买了两台计算机并进行计算机技术培训，还添置了复印设备，逐步向现代化图书馆服务靠拢。国家图书馆通过多个部门和分馆提供全国范围的服务：成人参考与外借服务部、唱片录音带服务部、青少年服务部、玩具图书馆服务部以及专门为乔治敦服务的分支图书馆。乔治敦以外还有两个分支图书馆，乡村服务部包括 17 个乡村图书馆中心，两所汽车图书馆，并向 3 所监狱提供服务。圭亚那国家档案馆根据 1972 年通过的法令，保存所有当地的出版物，并与国家图书馆协调向公众提供服务。

圭亚那国家图书馆通过对印刷及其他形式出版物的收集、组织、传播、保存，来满足国内外图书馆用户在信息获取和阅读方面的需要。该馆经费来自政府补贴和乔治敦市议会的固定拨款。国家图书馆专藏包括：通用参考书；速查参考书、字典、年鉴、手册；报纸装订本；玩具收藏；有关加勒比的藏书；地图收藏；圭亚那学会专藏：之前的皇家农业学会以及商学会等在学会图书馆关闭后将藏书转到国家图书馆；图片专藏；图书馆学与图书馆事业专藏及个别名人专藏以及通用参考图书收藏仅供阅览，部分图书可以外借。国家图书馆提供的服务还包括：馆际互借、资料预约服务、复制、收费录音唱片；在没有其他图书馆服务设施的街区提供流动图书车服务；读者咨询服务；监狱书刊外借服务。

哈萨克斯坦国家图书馆：原是普希金图书馆

哈萨克斯坦国家图书馆原名普希金图书馆，其前身为维尔内（原阿拉木图）市图书馆，该馆是根据维尔内市杜马 1910 年 12 月 31 日决议，由热心教育者捐资筹建的。1931 年 3 月，哈萨克苏维埃社会主义共和国中央执委会通过关于成立哈萨克苏维埃社会主义共和国立中央图书馆的决议，该馆由此成为当时的哈萨克共和国的中央图书馆，满足民众日益增长的文化需求。1991 年哈萨克斯坦独立后，该馆成为哈萨克斯坦国家图书馆。

上世纪 30 年代起，该馆得到当时苏联各地的大量图书捐赠。各机关团体纷纷将自己的图书转赠给国家图书馆，哈萨克斯坦研究协会和哈萨克中央书库捐赠了 75 000 册方志，前苏联的列宁图书馆、谢德林图书馆、科学院图书馆等也支援了 10 万册图书。著名的个人捐赠者有突厥语学者 C·波雅尔科夫和哈萨克文学经典作家 C·穆卡诺夫等。而由于政府拨款不能及时到位，导致购书经费没有着落，而样本呈缴也得不到执行，使得图书入藏量锐减；由于缺乏资金，设备的更新亦无保证。在哈萨克斯坦独立后，随着经济的好转和社会的发展，该馆的状况渐渐好转。目前，该馆为国际图联成员。哈萨克斯坦国家图书馆是哈萨克斯坦的国家书库和国家书目与方志学中心。出版《哈萨克斯坦文化艺术新书》的索引和述评；出版最新及回溯性全国图书目录参考资料；揭示哈萨克斯坦的文化遗产；研究哈萨克斯坦图书馆事业当前迫切需要解决的问题；该馆还系统地组织全国性的科学研讨会及进修班；已经出版了两卷《哈萨克斯坦图书馆事业发展史》。

哈萨克斯坦国家图书馆的馆藏的重要来源之一是国内出版单位缴送，1959 年前苏联就通过了样本缴送法。另外与国外图书馆以及科研机构进行图书交换也是收集国外出版物的重要途径，该馆与 34 个国家的组织和机构建有交换关系，主要交换伙伴为美国国会图书馆馆和印度、埃及、法国、英国、澳大利亚等国的国家图书馆。收藏重点为哈文出版物和世界各种语言的方志学文献。该馆共拥有 100 多种语言文字写成的书刊 5 123 000册；包括专著 3 173 357 册，期刊 121 种，现刊 77 种；学位论文 570 124 篇；此外，还有乐谱 44 221 件、唱片、幻灯片、微卷和微片 4 595 件，地图 8 127 张，电子文献 208 件。哈萨克斯坦国家馆的特藏有 14 ~ 19 世纪东方和欧洲各国文字的古籍与哈文、俄文善本 25 000 件，其中有伊拉斯谟的《愚人颂》，还有用波斯文、阿拉伯文、哈萨克文、古斯拉夫文和朝文写成的 487 部手稿，一部 12 世纪古代阿拉伯文的《古兰经》手稿，该手稿原藏在土耳其苏丹艾哈默德·雅萨维哈吉的陵寝中。

哈萨克斯坦国家图书馆的用户群包括学生、教师、研究生和科学工作者等，每天可接待读者 2 000 多人，藏书全面开放，开展馆际互借，年度外借总量达到200万册次，完成各类咨询3万件。该馆也开始应用现代化设备与技术手段，从20世纪90年代起，其信息服务、书刊登记等都采用了自动化程序，现在正编制机读目录，以便建立哈萨克斯坦及哈萨克民族的数据库。

海外别具一格的图书馆：把图书馆搬到人们面前

一提到图书馆，人们往往会想到壮观的古典建筑。然而日渐增多的公益性移动图书馆却重新诠释了当代的图书馆，用清新的现代主义理念代替了传统的陈旧概念。只有让图书馆流动起来，才能充分利用各种空间，随时为繁忙的当代人借阅图书，主办读书会、展览、演示和讲座，更好地进行社会互动。移动公共图书馆是对图书馆未来发展的一种新探索，无疑能给力图书馆事业的蓬勃发展。

新的文化传播方式

受民间非营利组织“47 俱乐部基金会”的委托，墨西哥一家设计工作室推出的 A47 公益性移动图书馆设在一辆大型的集装箱货运卡车上，干净整洁的外观很有点苹果设计风格的味道。不过有着更加重要的意义，那就是为墨西哥的公益和文化事业在积极努力，让人们在这个数字信息爆炸的时代不要忘记阅读和知识的重要性。读者能够在街边闹中取静，体味到读书带来的喜悦。不仅可以就近阅读，还能节约购书成本，真是一举两得。

在这座面积20平方米的移动图书馆里，有大约1 500本和艺术以及文化相关的藏书，供市民和游客阅读。书架的设计别具一格，安置在车厢顶端四周。摆放在里面的图书整整齐齐，分门别类，一目了然。液压地板可以上下浮动，让阅读者轻松拿到自己喜欢的书籍。即使那本书在最顶部，也能轻而易举地取到。

A47移动图书馆的设计非常人性化，一般的门与外界隔绝，而大房车的车门却是半穿孔的，一定程度上增加了车辆的透明度，创造了与车外的人无缝交往的条件。车外部由多块车窗组合而成，可随时开关以保证车内的空气流动，提供充足的阳光。虽然空间和环境都十分有限，但是经过精心设计，可以容纳一个小团队的成员一起方便地读书和讨论，享受美妙的阅读时光。车厢内的地板下边安装有可折叠的伸缩机构，不但可以变成宽敞明亮的阅读空间、小组会议的现场或是小型的演讲场所，而且还能够根据需要伸展并排布成阶梯状，方便人们休息。大房车备有综合电力发电设施，充足的电力使A47晚上灯火通明，确保车内读书者拥有良好的读书环境。

传播知识的利器

阿根廷艺术家劳尔·勒梅索弗有志于向大众普及文化知识，把一辆军政府独裁统治时期留下的“福特1979年猎鹰”汽车进行改装，拆除了原先焊接的框架，赋予移动图书馆的新功能。他所设计改造的这台车，因为中间伸出的圆管看起来有点坦克的味道，但它并不是军事武器，而是传播知识和教育的利器。移动图书馆携带着近千本各类图书，扫除文盲，传递知识，宣传和平，成为布宜诺斯艾利斯一道美丽的风景。

勒梅索弗肩负崇高的使命，驾驶着打扮一新的“福特1979年猎鹰”汽车，穿行在偏远的街道上，服务于那些没有书或者是没有上学的人们。只要看到有人对某本书有兴趣，他都会停车送书。在十字路口等红绿灯的时候，勒梅索弗高兴地看到一些骑摩托车的人和行人会主动地从他车上拿书。许多慈善组织和个人支持他的流动性图书馆，积极捐书捐款。

条件差的学校缺少师资和图书，成了勒梅索弗关注的重点。他经常下乡，看望那些上不了学的农村孩子，设法满足他们的需求。阅读无国界，北部邻国玻利维亚和秘鲁也留下了勒梅索弗的足迹，成为他继续进行扫盲和传播知识活动的地方。

勒梅索弗把他的“福特1979年猎鹰”汽车命名为“大众指导的武器”(The Weapon of Mass Instruction)，以表达自己变革社会的目标。移动图书馆让公众意识到生活中充满希望的方面，例如分享和教育，还可以享受快乐的时光。勒梅索弗想去影响人们，通过教育实现自我发展，欣赏真善美，分享读一本好书带来的喜悦。

独特的文化景观

在保加利亚第二大城市普罗夫迪夫，有一个利用退役的无轨电车改造的公共移动图书馆，成为路边独特的文化景观。这座电车图书馆由当地的8 1/2工作室设计，以保加利亚知名作家帕伊西命名。用明亮的颜色打扮，格外引人注目。帕伊西公共移动图书馆拥有600册保加利亚和外国书籍，而且利用原来的电车车厢，为民众提供舒适的公共阅读空间。车的后面还有一个单独的区域，人们可以在里面阅读、画画或娱乐。

在帕伊西大街和顾尔科将军大街，经常可以看到帕伊西公共移动图书馆的身影。经常选择在这一带停靠，有多个原因。首先，帕伊西是18世纪民族复兴的启蒙思想家和知名作家，撰写了著名的《斯拉夫保加利亚史》，是保加利亚第一部历史文学作品，对唤起人民的民族觉醒起了重大作用。所以看起来以他的名字命名图书馆并且往返于以他的名字命名的街道上，是再合适不过了。其次，55年前保加利亚第一辆无轨电车就是在帕伊西大街开始运行的，帕伊西移公共动图书馆常常停在无轨电车车站外面，该车站现在仍然在全市的无轨电车网络中发挥重要的作用。

帕伊西大街附近兴建了一个重要的行人和游览区，以取代多年来已经失去重要性的旧广场，为城市提供新的活力。近年来，保加利亚许多基金会一直致力于通过举行多种节庆和展览来振兴波希米亚文化。可以预料，帕伊西公共移动图书馆将对缺乏文化中心的普罗夫迪夫起到一定的补充作用。

海外另类图书馆

在英国伦敦，有一家厨师图书馆，馆里所出售的书大多是食谱书。为了让读者切身检验厨师图书馆里的食谱书是否实用，从 1994 年开始，厨师图书馆开设了“检验厨房”项目，就是一起阅读食谱书与烹饪菜肴书。

“检验厨房”的菜式天天不重样，由驻店厨师根据架上食谱和菜市场的应季菜品，决定当天菜式。顾客品尝之后，可以购买编辑那款菜式的食谱书，也可以由顾客先选择食谱书，再根据书里的某一条食谱，由驻店厨师为顾客烹调出美味菜肴。

自开业以来，厨师图书馆不仅营业额持续上升，而且，因为总是烹调不同菜品，有些驻店厨师已经取得了傲人的成绩。第一任厨师成了美食家，第二任厨师则成为美食节目主持人，还有许多大型餐饮业里面的厨师，都是从厨房图书馆里走出去的。厨房图书馆不仅能读书，还是培训顶尖厨师的好地方。

在美国纽约街头，人们随时随地会看到一种黄色的，类似于头盔的小房子，这个只用三块木板支撑起来的圆形房子，最多只能容纳两个人。在圆形的房顶上，开凿了许多小圆洞，走过路过的人们，总会好奇地向里张望，里面到底是什么呢？原来，里面摆放着几十本精心挑选的图书，整齐地码在书架上。

这种图书馆的设计者独具匠心。这种小型迷你图书馆，让漫步街头或者等待的人，可以钻到里面翻阅书籍，而圆形的房顶则使书本免受风吹雨淋。在人来车往的街道上，却能置身于知识海洋，也是一种极其惬意的享受。站在街头读一本书，也是一种美好的生活方式。

法国盛产葡萄酒，也拥有美丽的葡萄园。有位叫威廉的葡萄园农场主，不仅喜欢葡萄酒，也喜欢读书。有一次，威廉坐在葡萄架下读书，彼时葡萄缀满枝头，果香弥漫在空气里。威廉突发奇想，如果在葡萄园里开家图书馆，这样即能读书还能品尝葡萄酒，也能欣赏到美丽的庄园，那该多好呀。于是，威廉不顾家人的反对，执意投资开了一家葡萄园图书馆。目前，图书馆里有上万册图书，闲暇时，威廉会和朋友们分享愉快心灵的图书，也会无偿借阅给附近的农民们。

无论图书馆以哪种方式，出现在人们的视野里，其宗旨都是读书育人。而另类图书馆，则将这种精神以另类方式传承下去，让读者陶冶情操，从中感受精神世界的美好。

韩国国会图书馆：细节之处体现人文关怀

一个理想的公共图书馆是什么？宽敞明亮的馆舍环境，丰富有效的馆藏资源，热情助人的图书馆员……

一个理想的公共图书馆需要什么？稳定可观的购书经费，全面及时的信息服务，平等包容的职业理念……

或许做到这些，已足够支撑一个公共图书馆；然而，这是否足够？近日，我因为需要查找韩国人名录，走访了韩国国会图书馆。虽未获得合适的资料，几个细节却触动了我。

韩国国会图书馆始建于 1952 年，1975 年迁至现址首尔特别市汝矣岛国会议事堂院内。馆藏图书约 300 万册，电子图书约 90 万册，期刊两万余册，以及其他非书籍资料 30 万件。我事先准备了外国人登录证，在图书馆员帮助下顺利注册成为会员；进入借书大厅，由于韩语水平有限，又有专门图书馆员帮助我查找相关韩文资料。免费、便捷、友善，这是我对韩国国会图书馆的第一印象，也体现了作为韩国公共图书馆的职责所在，所以并没有让我意外。

查阅完毕，我刷卡出门，却注意到门禁处的盲文识别标志，不禁欣喜。印象中所到过的公共图书馆，不少设有无障碍设施，比如垂直电梯、旋转楼梯，却是第一次碰见有盲文识别的出入口。有了它，视障人群可以自主地进出和常人一样的图书馆入口；视障人群不仅可以进入图书馆，而且是以与正常读者同一个通道的方式进入。视障人群进入图书馆不再是通过特殊通道，是不是能够减轻他们的“不合群”感？

门口的存包处也可圈可点。方便的密码锁固然受读者欢迎，但因经费、技术等限制，并不是所有的公共图书馆都可以普及。而一个木制的行李整理台，简单易置，也能在为读者存包时提供必要便利，这在国内的公共图书馆似乎不多见。再如，存包处提供透明塑料袋，方便读者携带必要的文具等随身物品，而且分大小两种型号。

盲文识别入口、存包处的整理台和不同型号的塑料袋，件件是小事，花不了多少经费，却花心思。更多的购书经费、更高的馆员素质、更信息化的借阅系统是当今业界普遍关注的问题；这些领域的进步，也推动了国内公共图书馆建设不断取得新进展。然大事可为，小事也可为。记得两年前暑假走访国家图书馆，逛了一圈后又渴又累，在拐角处发现饮水机和旁边的一次性饮水袋。那水着实沁人心脾。

如果说良好的馆舍、馆藏以及馆员作为一个有机整体，在公共图书馆服务中体现出的自由、平等、免费等理念价值是公共图书馆的支柱；那么，这些细节处的人文关怀，则更像是拐角处的一副插图，不显眼却温暖至心。

韩国国立国会图书馆：国会的核心资料库

韩国国立国会图书馆的前身是1952年成立的国会图书室，当时位于朝鲜战争时期的首都釜山，战后迁至首尔（汉城）。1955年11月正式命名为韩国国立国会图书馆，成为立法府内的独立机构，隶属于立法部。该馆的组织结构较为严密，其中馆长下设秘书官、非常计划官、非常计划补佐官、非常计划员等馆长助理职位，分管总务科、立法调查局、司书局、海外资料局；立法调查局下设：法制司法组，财政经济组，文化社会组；司书局下设：图书科，阅览科，参考咨询科，国际交换科；海外资料局下设：欧美组，亚洲组，中华组（包括中国大陆和台湾地区），俄罗斯组。国会图书馆的业务部门由3个部分组成，分别是：立法电子情报室、收书整理局和参考服务局。立法电子情报室是最重要的部门，室长的地位相当于副馆长（国会图书馆只有馆长，没有设副馆长一职）。另有2名立法情报审议官，他们的级别相当于局长，专门负责立法电子情报室的领导工作。该室的下面又设有4个课，包括：电子情报综合课、数据库制作课、电子运营开发课和立法情报支援课；收书整理局和参考服务局相当于采编中心和读者服务中心。在收书整理局里，第一个分部门的名称是“采访交换课”。这说明在国会图书馆，图书资料交换有着重要的地位。这是由国会图书馆的特殊性质所决定的，它所需要的大量有关政治、法律的官方文件必须通过交换途径才能得到，参考服务局的结构也与一般图书馆不同，所设的“议员阅览室”、“议会文献室”、“法律文献阅览室”以及“统一（南北韩）文献阅览室”都体现了为议会和议员服务的特色。该馆也拥有很多具有专业背景的高级研究人员，在立法情报支援课，有13位博士，称为立法情报研究官。他们分别负责不同的学科领域。在电子情报综合课，有5位海外情报研究官。他们都是外文专业的毕业生，分别精通中文、英语、法语、俄语、日语。每天，他们从网上浏览大量的外文报纸，从中选出与韩国有关的各种信息，交给13位博士进行讨论，再精选出重要的条目翻译成韩文。成文后送入网络系统，议员们可以直接在网上阅览。

作为国家总书库，韩国国家图书馆、包括国会图书馆也是通过呈缴、赠送、交换、购买等方式收集文献。国内文献方面，主要通过呈缴制度和购买获得。同许多国家一样，韩国的图书馆实行呈缴本制度，即规定国内的出版、发行者必须在出版物出版发行之后向韩国国家图书馆和国会图书馆等机构呈缴该出版物一份。国外文献的主要收集方式是购买、国际交换和接受寄赠等。国会图书馆的收藏超过170万件（册），其中法律、人文类的文献资料有120多万件（册），占藏书总量的70%以上。国会图书馆收藏了大量来自韩国政府及其他多个国际组织（例如联合国、WTO）的各种报告、会议录和其他各类官方文件。这些资料是国会图书馆的高级研究人员从事研究工作必不可少的重要资源，也是议员们从事国内、国际事务的重要法律依据。国会图书馆虽然也对年满 20 岁以上的普通国民开放，但在众多的用户当中，始终将对国会的服务放在首位。普通阅览室的服务工作由参考服务局的图书馆员承担，专业性较强的立法调查业务，包括调查报告撰写等则由具有博士学位的学者、研究人员承担，调研报告完成后送交议员参考使用，立法信息支援科则负责调研资料的收集、统计、保存及简单的调查。2000 年 8 月立法相关知识数据库开通，该库资源包括电子化处理的单行本、论文、期刊、报纸等多样化文献信息，内含法律、财政经济、政治外交、行政、教育文化、农业产业、保健福利、劳动环境、建设运输等内容，既有简洁的书目信息，也有全文显示，已累积主题词达多 300 个。该库可实现网上检索、打印、下载，成为立法情报支援系统的依托。数据维护由立法信息支援科研究人员与图书馆员共同承担。

考察韩国顺天市图书馆

宁波市鄞州区图书馆应韩国顺天市政府邀请，与顺天市图书馆成为友好交流图书馆，双方各在对方馆设立了图书馆角。在对方的精心安排下，我们用三天时间访问了韩国顺天市中央图书馆、莲香图书馆、奇迹图书馆（少儿馆）、汽车图书馆和社区图书馆，拜访了韩国顺天市副市长和“终身学习文化支援中心”所长。

“乘载幸福和理想的知识的摇篮”

顺天市市民把图书馆称作是“乘载幸福和理想的知识的摇篮”。顺天市图书馆由中央图书馆、莲香图书馆、奇迹图书馆（少儿馆）、汽车图书馆和各社区小图书馆组成，馆与馆之间的距离步行15分钟路程便可达到。社区馆各有特色，形成了有专人负责、社区主妇志愿参与的局面，也是公共图书馆的组成部分。

中央图书馆建成于1968年，至今已有45年的历史，1991年设立了一个分馆，一辆汽车流动图书馆。该馆的特点是以深情式家庭阅览室为主，不同区域的颜色、形状和交互方式各异，为孩子和父母提供了融洽讨论、交流的场所，他们每一次来访都发现和参加新的活动。

莲香图书馆建于1997年，历史不长。该馆为青少年提供知识，以讨论、体验为活动模式。定期举办漫画、木偶制作、人生规划等主题活动。

奇迹（少儿）图书馆建于2003年，2004年4月举办了建筑物捐赠仪式，作为韩国第一号少儿馆。馆内设计新颖，光线充足，一本本书如展翅的海鸥悬挂在屋顶下，把孩子们领入一个神奇的知识王国，大门口上写着“小朋友们的天国”。运营模式以普及科普知识、提供多样性艺术指导的主题活动为主，如书展、讲座、与作家在一起、参加区域性传统文化遗产活动、拜访图书馆等，使图书永远成为孩子们的朋友。

组织架构

顺天市政府设置了一个机构叫“终身学习文化支援中心”，图书馆归属该中心下面，设运营课。顺天市图书馆运营课课长梁会明就负责、管理这三个公共图书馆，馆长由运营课长任命。除此之外，还有社区图书馆、学校图书馆。韩国图书馆的人员编制属于国家职业类公务员系列，分成九级，一级最高，各级均有相应的规定及极差。例如：最低的九级必须是文献情报学大专学历，并在图书馆工作两年以上的人员担任，一级为最高。在此之后根据年限、经验、业绩以及学历情况逐级考核上调，韩国实行60岁退休制度，男女均等。

经费、建筑与藏书

据介绍，韩国顺天市政府每年拨款支持运营图书馆的经费达 22. 21 亿韩元，其中包括了职工工资、水电费。自主事业费包括：图书采购、阅览室设施、综合网络、汽车图书馆等 10. 61 亿韩元，但用于购书的经费只有 3 亿多韩元。韩国物价很高，一册图书的均价一般在 80 元人民币左右。这样每年购买新版图书约有 3. 2 万册，基本藏书每年购买 6 次，新出版的图书每月购买一次，从而保证了藏书的质量，人均藏书达到 2. 24 册。一辆汽车图书馆的裸价在 1. 2 亿 ~1. 5 亿韩元之间。

服务工作

顺天市图书馆除国家法定节假日及每月休馆 4 天外，均向社会公众免费开放。开放的时间：阅览时间 8：00—23：00 (15 个小时)；借书时间 9：00—18：00 (9 个小时)。我们对晚上开放到 23：00 感到惊奇，就请教如何安排人员工作？馆长说：除了安排一个馆员维持日常管理工作外，其余的都是居住在图书馆附近的社区志愿者，如大学生、义工、读者，更多的是家庭主妇参与，他们成为图书馆为大家服务的主力军，承担起图书馆的开放、接待和管理工作。图书馆根据志愿者提供的时间进行上岗培训，排定工作时间，这一点值得我们学习。

顺天市图书馆服务读者很广，无论是谁，在哪里，都有很方便地平等地利用图书馆资源的权利，他们计划到 2020 年扩大到 7 所公共图书馆。例如：图书馆每年都为 19 岁举办一个成人仪式，给他们做一张成人图书借阅卡，观看一场电影，指导如何阅读；奇迹图书馆每周五准时开放丰富的活动让孩子们参与；二辆大型汽车图书馆作为流动图书馆，一周一个轮回定时定点出现在人口密集的公寓群、社区、学校和广场等指定地方，为市民提供借书和各项服务内容。

社区图书馆

我们不得不感叹韩国顺天市社区图书馆系统的发达，几乎遍布居民区、村庄、旅游景点、学校周围。类型有小区有世代密集型图书馆、宗教团体运营的图书馆、民俗乡土特性图书馆、小木屋农村和渔村图书馆以及汽车图书馆。我们看到穿着制服的学生放学后成群结队地往图书馆跑。社区图书馆面积不大，100 平方米左右。进去的人均要脱鞋，人们席地而坐（韩国建筑均有地热），或看书，或动手折纸，或画画，或听妈妈轻声讲故事，或在做作业。

每个社区图书馆布展不一样，藏书结构也不一样，各有自己的特色。例如：乐安邑城民俗村是一个保持古代原始原貌的村落，在一幢幢独自的草房里，现代家居一应俱全，但我们看到了草房顶上的黄色南瓜，袅袅上升的炊烟，树枝上红红的柿子，路边的庄稼。有一幢草房居然是一个图书馆，里面完整地保存着当年百姓的识字课本。在回松广寺的路上，馆长顺路带我们去了一处茶楼，茶楼里有二排书柜，约有三百册书，均为有关茶文化的书籍，在提供人们喝茶同时，还可以一边看书查阅，了解有关茶文化知识，不亦乐乎。

“蓝色牛车”

韩国将汽车图书馆称之为“蓝色牛车”。顺天有许多像奇迹馆一样 15 分钟便可到达的图书馆，但是小图书馆无法满足村庄孩子们的阅读文化需求。“蓝色牛车”脱离原来只是提供书籍的方式，转变为通过孩子们的亲身体验，以活动的方式给小朋友种下梦想和希望。车辆内部设置书架，承载两千余册漫画书、动画书、科普书等，专门拜访没有图书馆的小村庄，一周一次。“蓝色牛车”一年四季在田野上奔波，为偏僻地区的小朋友们插上了想的翅膀。

顺天市图书馆的主要特点

此次在韩国之行共参观、考察了6个图书馆，从我们短暂的访问所了解的情况来看，顺天市的图书馆有以下几个特点。

政府重视，法规健全

韩国政府早在1955年就制定了《图书馆法》，规定对图书馆全额拨款，1988年颁布了《图书馆法实施修改令》对《图书馆法》进行了修改，从而保证了图书馆运营的经费。政府机关提倡：“一本书一个顺天”，市长亲自带头读书，参与读书节活动。随着社会的发展，他们还陆续出台了一系列的相关法规，保证了图书馆事业的稳步发展。

馆员稳定，安居乐业

韩国图书馆馆员属公务员系列，录用时对学历、专业都有严格的要求。由于享有政府公务员较高的社会地位和经济待遇，从而使图书馆馆员“安居乐业”。这样始终保证图书馆有一支稳定的、高素质的干部队伍。

机构简练，全民参与

韩国顺天市图书馆机构简练，如顺天市莲香图书馆只设一名馆长，22 名工作人员身兼数职工作和办事效率很高。在一天开放的 15 个小时里，如果没有一支较强的队伍，是很难想象的。这一点值得我们借鉴和学习。

主题活动，丰富多彩

一本书一个顺天（One Book One Sunchcon）是顺天市政府“终身学习文化支援中心”提出的倡议。为了充分发挥图书馆的社会职能，提高民众的读书兴趣与实效，顺天市政府每年都会举办一些丰富多彩的活动。如要求公务员每人每月看一本书，写一篇读书感，交图书馆，评选后颁发奖品。每年举办新书展览，定期举办具有创造性的演艺制作和发表会，表彰模范图书使用者，还有作家演讲、育儿咨询等。

值得一提的是，在韩国公共图书馆均设有家庭阅览室，鼓励亲子阅读，不仅可以让孩子们从小就喜欢上图书馆、爱上读书，家长们也会在这里学到很多东西。在“世界读书日”那天，他们提倡男女情侣：男的给女的送一朵玫瑰花，女的送男的一本书。“让阅读成为一种生活的习惯”在顺天市图书馆体现得淋漓尽致。

首尔图书馆：首尔的一大景点

两任市长精心打造

2012年10月，韩国首尔市政府决定将搬迁腾空的首尔旧市政厅作为市立图书馆继续使用，并于10月26日正式面向公众开放。旧市政厅于1926年由当时的日本殖民当局修建，用作京城府的办公处。韩国光复后继续沿用，从1946年开始改为首尔市政厅。历经6次扩建和重修，于2003年被韩国当局指定为第52号文化遗产。

随着时代的发展，旧市政厅逐渐不能满足政府办公的需要。特别是旧市政厅和屈辱的历史联系在一起，更坚定了首尔市政府展示新面貌的决心，新的市政厅破土动工并得到启用。

因地制宜把饱含历史积淀的旧市政厅规划成兼具展示首尔发展史博物馆功能的市立图书馆的构想，最早是前市长吴世勋提出来的。后来接任的朴元淳市长组织力量，对旧市政厅进行了具体规划和重新装修。前任和现任市长鼎力合作，希望把首尔图书馆打造成为不亚于纽约公立图书馆的文化设施。

2012 年 10 月 9 日，首尔市政府大楼的新标志“市厅时钟”正式启动的前一天，在原旧市政厅大楼的外墙上展露出了整体造型。由韩国国内钟表企业“ROMANSON”制作的这一大型时钟直径达 2.7 米，可以接受全球定位系统（Global Position System，简称 GPS）信号，拥有极高的精确度。由于使用 LED 间接照明，人们在夜间也能方便地看到时间。同时，首尔市政府还在政府大楼主楼楼顶设置了音箱，在正午时分为市民报时，时间长达 2 分多钟。用于正午报时的声音来源于录制的普信阁（Bosingak）钟声，普信阁是一座位于大韩民国首尔钟路区的巨型钟楼，普信阁的钟楼用以命名钟路区及钟路，以示该区有钟楼。

全民共享免费借阅

根据总体规划，首尔图书馆建筑面积 18 711 平方米，一共有 8 层，其中 4 层在地上，主要分为普通资料室、残疾人资料室、首尔资料室、国际资料室、数码资料室、企划展示室和定期刊物室 7 个部分、博物馆区域以及地下藏书库。资料室和地下藏书库的藏书规模分别超过 10 万册，设有阅览座位 390 个。

每当读者走进首尔图书馆的大门，第一普通资料室最先出现在眼前。里面摆有最近发行的 2 万余册各类哲学和科学领域的图书资料，以满足人们的需求。馆舍内单独设置了残疾人资料室，装备有读书扩大机和点读机。企划展览室展示的是富有特色的专题图书，每个月选择的专题有所不同。人最多的地方是 2 楼的定期刊物室，其设计别具一格，伸展着的“壁面书架”足足有 5 米高。3 楼的首尔资料室保存着该市珍贵的市政历史资料，4 楼展示的世界图书令人耳目一新。

首尔图书馆充分利用旧市政厅的历史资源，特别开辟了博物馆区域，以展示韩国首都的发展史。通过使用电子触摸屏或者阅读史料书籍，读者可以全面直观地了解首尔的历史和发展变迁。走进昔日市长的办公室，人们能够真实地体验韩国官员的工作环境，可以在墙壁上看见首尔和北京等地缔结国际友好城市的条约原件。作为一种美好的记忆，不少读者在这拍照留念。

按照计划，首尔图书馆工作日里的开馆时间为 9 时 ~ 21 时，周末闭馆时间提前到 18 时，每周一和法定节假日休馆。该馆规定，包括外国人在内的全体市民均可利用图书馆，如需借书可免费办理借书证。即使户籍不在首尔的居民，只要就职或就读位于首尔的公司或学校，不论是韩侨或外国人都可以借书阅览。只要通过简单的身份确认程序就能申请到会员证，注册为会员后即可凭证借书。一次性最多借阅 3 本，时间为 14 天，会员还可以对已被他人借走的资料进行预约。为方便外国读者，提供了包括专用电脑在内的人性化设施。首尔图书馆在网站上设置有综合查询系统，可对全市 320 个图书馆的详细信息和图书借阅情况进行查询，另外还提供智能手机软件查询服务。

历史和文化完美结合

自开馆以来，首尔图书馆就成为首尔的一大新景点。利用午休时间来看书的上班族摩肩接踵，周末和下午领着孩子过来的家人络绎不绝，整日门庭若市，热闹非凡。据统计，平均每天来馆的读者为五千多人次，仅在开馆七十多天里的累计人数就达到了 30 万。在冬天，虽然寒流滚滚，气温降至零度以下，但图书馆里仍然人满为患。

在开馆初期，由于有很多读者带着孩子，嘈杂声不断，有人抱怨“这里不是图书馆，是游乐场”。为了营造图书馆应有的宁静氛围，该馆馆员加强看管，随时在阅览室走动，提醒吵闹的孩子。曾经设想铺设地毯来防止噪音，但有人认为地毯对人体有害，于是取消了这个计划。为了解决藏书不足，能使空空的书架能摆满书，开馆以后又新购入了 2 万册图书。该馆 1 ~4 层虽然有近 400 个阅览座位，但是远不能满足要求，很多市民们只好坐在地板的阅读阶梯上看书。馆方想增设座位，但由于是旧建筑，有一定的难度，难以确保空间，目前尚未解决。

尽管存在不少有待于进一步改进的方面，然而首尔市民对把旧市政厅改成容易进出的图书馆倍感欣慰，总体表示满意。首尔一位八旬老人动情地说：“以前，在书上看到很多欧美的图书馆大楼都是古朴的建筑，非常羡慕。而现在我们首尔也有了，百年历史的首尔旧市政厅建筑很有韵味，现在改成了图书馆，达到了历史和文化的完美结合。”

统计数据表明，借书较多的读者年龄层依次为 40 多岁、30 多岁和 20 多岁，年借阅图书分别达到两万余册、一万六千余册和一万余册。寒暑假期间，青少年层的图书借阅量最大。其中解读希腊哲学家柏拉图《国家论》的青少年图书《柏拉图的国家，梦想正义》最受欢迎，被大量借阅。

鹿特丹中央图书馆：独特的45度角设计

荷兰鹿特丹中央图书馆由 Jacob Bered Bakema 设计建造，藏书量40多万册。这个标志性的公共建筑物富有特色，采用现代主义的分段设计，部分外观像金字塔层层缩小。宽大的窗户和巨型的层叠黄色管线引人注目，配有蜂箱的绿色屋顶别具一格，为人们提供了一个学习、聚会、读书、看电影和欣赏新音乐的理想空间。分段式的建筑物正面朝着市中心，室内自然光线充足，周围有大片绿地，鸟语花香，空气新鲜。

走近鹿特丹中央图书馆，只见那些落落大方裸露在外的管线被涂成鲜艳的黄色，缠绕着外墙，让人联想起巴黎蓬皮杜艺术中心（Pompidou Centre）。富有想象力的鹿特丹市民因此为图书馆起了几个有趣的昵称："水管宝宝"（Tube Baby），"金字塔"（Pyramid），"鹿特丹的蓬皮杜"（Rotterdam's Pompidou Centre）。

整栋建筑物呈45度的角设计，以电扶梯连接，为人们在6

层的馆舍里自由上下提供方便。中心部分是电梯和储藏地，行政人员和行政中心则聚集在一个直角三角形的范围内。中央区由于阳光照射不到，因此安装了与建筑物宏伟规模相匹配的巨型吊灯。除了阅览室之外，里面还有一个小型剧场和一间资讯中心。根据需要，内部的设计会以常常变更。

读者可以到达绿色屋顶，一边喝茶或咖啡，一边俯瞰着热闹的市容。绿色屋顶由鹿特丹市应对气候变化机构资助建造，以表示这座荷兰的第二大城市和世界最大港口减少极端天气和气候事件的决心。除了绿色屋顶外，还放置了一个蜂箱，用来庆祝“2012 蜜蜂年”，提醒人们这种可爱的花粉媒虫如何依赖人类和人类怎样依赖于它们。

该馆的家具由 Dutch Studio Makkink & Bey 设计，在定义共享和单独的空间里起着重要的作用，划分出小团体共同讨论或者个人学习的场所。鹿特丹中央图书馆已成为一个现代化的开放文化空间，深受读者的欢迎，每年到访达 340 万人次。不少人感到，能进入这样一座有前卫造型的图书馆读书，是人生的一大美事。

书山图书馆：如此与众不同

对于建筑，荷兰人的态度一贯以严肃认真闻名。可是到了鹿特丹，情况就完全不一样了。这里的建筑别具一格，富有创新，前卫时髦。二战时，由于德军的狂轰滥炸，鹿特丹成为一片废墟。在重建自己家园的过程中，鹿特丹没有历史环境的束缚，成为世界建筑师的试验场和游乐园。一个当地建筑师曾经坦言："鹿特丹是所有建筑师的乐园，你可以在这里建造任何你梦想要建造的疯狂建筑。"现在放眼全城，奇形怪状的高楼星罗棋布，鲜艳疯狂的色彩令人眼花缭乱，为这个城市带来现代摩登感。图书馆的设计和建造也不例外，体现了鹿特丹人"梦想大过天"（TO THINK BIG）的宣言。

在鹿特丹，建筑事务所 MVRDV 的工程技术人员最近成功地完成了他们持续近 10 年的"杰作"——书山图书馆（Book mountain + Library quarter）。在 2012 年 10 月 4 日举行的开馆庆典上，荷兰王国公主劳伦廷亲临祝贺。这所公共图书馆傲然屹立在市中心巨大的斯派克尼瑟广场的心脏地带，周围环绕着老城区和新的住房项目。其面积达 9 300 平方米，呈金字塔形屋顶的建筑造型给人留下非常深刻的印象。被封闭在一个精致玻璃体结构外壳内的书山图书馆鹤立鸡群，颇具特色，令人眼前一亮。无论从城市的任何一个地方，都可以看见它的巍巍雄姿。

建筑师仿照传统荷兰农场的建筑形式，以呼应当地村庄以农业为主的传统背景。整个的围合式区域将 42 个社会住宅单元、停车场和公共空间融合到一起，组成了一个统一社区。大多数建筑为坡屋顶和红砖外墙，所以书山图书馆也局部延续了砖墙的这一元素，并将其延伸到室内空间的铺地，让机理得以渗透。书山图书馆除了拥有成千上万册各种各样的图书外，还提供环境教育中心、会议室、报告厅、国际象棋俱乐部、咖啡厅、商业写字楼和零售商店等，具有其他附加功能。

宏伟的书山图书馆一共有五层，掩映在金字塔般的玻璃外壳下。高耸的塔顶可以让“山式”书架垂直叠放，为图书留下了更多的存储空间。书架护栏使用透明玻璃，周围设有椅子。各层间的楼梯与平台综合交错，形成一条把书架结构连环相扣的 480 米长的路网。读者可以任意到达各层的书架，更清楚方便地找到自己想要的书籍。

从书山图书馆的“山脚”到“山顶”，行走在螺旋式的楼梯和走廊上，人们边走边看，仿佛有一种冒险旅程般的阅读体验。“山顶”开辟有阅览空间和咖啡厅，读者可以在这里放松地坐下来，或开心阅读，或享受咖啡，或透过透明屋顶眺望令人惊叹的 360 度景色。

书山图书馆的天花板也是玻璃的，室内充满了自然光线，为读者提供了最理想的读书环境。在夏天，自然采光和通风使阅读室和咖啡厅保持舒适的温度。到了冬天，室内因高效节能的地板供热而变得温暖如春。

鹿特丹建筑事务设计的书山图书馆渗透了多种建筑装潢设计理念，从里到外给人一种焕然一新的视觉感受。与此同时增强了斯派克尼瑟广场的活力，提升鹿特丹的城市品牌。

列治文图书馆：
热心为加拿大孩子服务

加拿大列治文公共图书馆建立于1976年，近四十年来一直全方位地为当地社区服务，给市民们提供各种技术、教育、文化和娱乐等方面的图书资料，组织多项活动以满足公众对公共图书馆的需求，维护读者获取信息的自由。

特别值得称道的是，列治文公共图书馆把阅读作为一门学科来研究，对如何指导孩子阅读高度重视，采取了行之有效的方法。由于循序渐进，坚持多年，这些方法效果显著，不仅仅在亲子阅读阶段适用，孩子独立阅读阶段也一样有作用。为了鼓励孩子持续阅读，养成好的阅读习惯，该馆对学生每天的阅读时间要求不高，一般就是15分钟，但是要保证连续多少天一直在读。总之，就是让孩子觉得目标并非高不可攀，完成阶段目标很有成就感，从而产生继续读下去的更大动力。

让我们回顾一下列治文公共图书馆过去半年来每个月的运作情况，看看他们是如何具体落实阅读安排的。

在元月份的“阅读伙伴”活动中，聘请了10位经验丰富的青少年导师指导1~3年级的孩子每周读书一次。由于采用“一对一”的方式，导师可以面对面地进行有针对性的指导，目的在于给小学生提供额外的实践机会。与此同时开展有趣的集体游戏，在娱乐中学习。

二月份有一年一度的中国春节庆典、加拿大儿童图书周比赛和恒星图书奖活动，还为孩子们准备了新的图画书。

三月份的寒假活动丰富多彩，如第二个“阅读伙伴”活动、红杉树读书奖评选和圣帕特里克节读书活动。今年的寒假休息两个星期（3月21日~4月1日），安排了木偶表演、科学实验、魔术和唱歌等。红杉图书奖用来表彰读书优秀的儿童，4~7年级的学生要求每年至少读完12本推荐书目中的5本，四月底由孩子们自己评选出荣获红杉图书奖的优胜者。

在四月份，有丰收节庆祝活动、青少年诗歌比赛和复活节图书推荐活动。玩游戏、讲故事、吃点心、喝饮料，真是好玩极了。13~18岁的小诗人在诗歌比赛中崭露头角，一展风采，优胜者可获奖，他们的诗作被发表在图书馆的出版物上。为欢度4月22~25日复活节，专门准备了讲述兔子、蛋和其他复活节传统的儿童读物。

五月份安排了木偶戏、安全意识教育和有关母亲节的书籍。木偶戏深受青少年喜爱，每天下午演出一场。组织多项活动，让孩子们学习安全知识，掌握自我保护的本领。5月8日星期日是母亲节，这方面的图书可以使子女们更好地了解这个特殊的节日，学会感恩。

在六月份，新出版的图画书、迪斯尼在线图书和有关父亲节的图书格外引人注目。新图画书滑稽有趣，令人捧腹大笑。迪斯尼在线图书能够通过电脑互动，使小读者们享受数小时的乐趣。6月19日是父亲节，有关图书从小让孩子们知道这个节日很有意义。

为迎接七月份暑假的来临，加拿大列治文公共图书馆组织了一年一度的魔术表演，请来著名的魔术师登台献艺。孩子们可以参加青少年暑期阅读俱乐部的活动，有机会赢得各种奖品。为满足广大读者日趋强烈的读书欲望，新成立了成人暑期阅读俱乐部。

根据青少年暑期阅读俱乐部的章程，要求入会的孩子做好读书笔记，把书名写在“阅读小册子”上。带着“阅读小册子”去图书馆，可以领取每周的标签。从 7 月 6 日开始，连续 7 周，每周三发行一种新标签。在领到标签后，输入你的名字，就有机会参加抽奖，获得一本新书。

在青少年暑期阅读俱乐部里，安排了各种不同的活动项目，如学习变魔术、参加一系列科学挑战、与小伙伴一起读书做游戏、到各地的图书馆寻宝、为自己的国家设计国徽写国歌、读完最喜爱的书籍后学写书评、参加堆积木的比赛、动手绘制书签、诗歌朗诵比赛、用报纸或磁带“建造”最高的塔楼、猜糖果罐里有多少糖果，真是应有尽有，乐趣无穷。而且各项活动都设有奖项，成绩优秀的孩子都能得到褒奖。事实上，对于富有上进心的孩子来说，能参加列治文公共图书馆暑期阅读俱乐部的颁奖典礼并领取奖牌，是他们非常期待的荣耀。

加拿大图书馆的可持续发展模式

鲍威尔河图书馆　因地制宜巧设计

美国米勒·赫尔建筑师事务所（Miller Hull）长期坚持可持续发展的理念，承诺开发的项目将对社会的发展做出贡献。加拿大不列颠哥伦比亚省鲍威尔河图书馆（The Powell River Library）的设计便是其中的一个范例，以富有前瞻性的设计给鲍威尔河社区经济、社会和文化带来积极的影响。正如鲍威尔河图书馆馆长查理·格尔所说的那样："图书馆将成为一个鲍威尔河社区的社交中心，不但是人们阅读学习的温馨之处，而且是社区集会和活动的理想场所。"

鲍威尔河图书馆位于乔治亚海峡边缘一块先前开发过的地点，设计从最初一个简单的直线编程项目模式逐渐发展完善起来。建筑师尊重并采纳公众的建议，在山坡上建一个单层式建筑。非正式的休息和聚会场所毗邻人行道而建，毫无矫柔造作的成分。图书馆半锯齿形绿色屋顶与周围的自然景观互动，显得流畅自然。这种设计将图书馆多个功能区的功能有机结合，有助于创建一个查理·格尔馆长克雷格尔描述的“社区作为一个聚会中心地方使用的重大公共建筑。”

为了满足社区使建筑物可持续而又负担得起的强烈愿望，米勒·赫尔建筑师事务所充分利用馆址所处位置的地理优势。例如，为了给馆舍提供庇护，不受到西面炽热阳光的暴晒，图书馆屋顶采用高耸的外伸屋顶设计，直接与海滨保持平行。与此同时在锯齿屋顶上开设朝北的天窗，以引进柔和的自然光。这些特定设计方案有助于实现节能减排的发展目标，图书馆照明和取暖所需要的能源大大下降。玻璃墙使得室内和海水融为一体，营造出壮观的景色，令人叹为观止。鲍威尔河图书馆的空间灵活开放，即使随着时间推移日后的需求有所变化，不需要大的改造整修就能轻而易举地加以适应。

兰加拉图书馆　利用烟囱效应

创办于 1965 年的兰加拉学院（Langara College）是加拿大西海岸最享有盛誉的公立院校，地处温哥华市中心地区。在两座现代化的大型教学楼里，设有讲堂、多功能教室、学习和研讨室、实验室、计算机中心、技术职业工作室和文化与表演艺术录音室等。另外，校园还有其他如书店、健身中心、餐厅、卫生室和停车场等设施。近年来，兰加拉学院坚持实施可持续发展的总体规划，其中包括回收利用、加强资源管理、提高能源效率和打造绿色建筑认证的金奖校园等。

在新建的校园项目中，蒂普勒建筑师事务所（Teeple Architects）设计建造的兰加拉图书馆（The Langara library）是最突出的一个。该馆采用了多项富有创新设计的排气塔，再也不需要依靠传统的加热和冷却系统。由于结合地热系统、高效率的窗口、优良的绝缘层和高科技的气象监测系统，促进了排气塔的自然通风，使建筑物保持凉爽。

为了利用烟囱效应，建筑师们对兰加拉图书馆的结构进行了专门的设计。烟囱效应是指户内空气沿着有垂直坡度的空间向上升或下降使空气加强对流的现象。只有在像有共享中庭、竖向通风（排烟）风道、楼梯间等具有类似烟囱特征——即从底部到顶部具有通畅的流通空间的建筑物或构筑物（如水塔）里，才能产生烟囱效应。

在兰加拉图书馆，凉爽的空气通过建筑物底部的风穴，穿过地下车库，经过中庭，从排气塔排出。气象监测系统根据建筑物对空气的需要量，自动打开或关闭通风口。室内传感器还可以监视和控制空气温度、湿度和二氧化碳的含量。地源加热和冷却系统控制建筑物空间的温度，最终将常用的采暖通风与空调（HVAC）系统取而代之。

像校园里其他新建筑一样，兰加拉图书馆大量使用可回收材料和挥发性有机化合物（VOC）含量低的材料。尽量利用自然采光，只在必要时开启自动控制的照明装置。屋顶安装了雨水收集系统，存储的雨水可用来灌溉树木花草。在馆舍的西侧建有水净化设备，以除去暴雨水中淤泥和污染物。华兰加拉图书馆占地 7 500 平方米，现在已成为世界级的图书馆之一。

西米娅姆公共图书馆　外墙建起垂直花园

加拿大西米娅姆公共图书馆（The Semiahmoo Library）地处加拿大温哥华郊区，以富有特色的垂直花园引人注目，每天前来观光的游客络绎不绝。在这个垂直花园里，生长着 120 种独特的植物，数量超过 1 万株。它们郁郁葱葱，覆盖了 3 000 平方英尺（大约合 278. 7 平方米）的墙面空间，组成了一道美丽壮观的风景。

总部位于温哥华的绿色建筑师事务所（Green over Grey）精心设计，把西米娅姆公共图书馆的白色岩石外墙改变成一个完全自给自足和结构合理的绿色墙壁。与此同时也极大地改善了馆舍内部的环境，有力地支持和推动健康的城市生态系统的发展。花草引来了五颜六色的蝴蝶、蜜蜂和蜂鸟等昆虫和鸟类，更增添了盎然生机。

与其他地方的垂直花园相比，西米娅姆公共图书馆垂直花园的植物要浓密得多。人们走上前去仔细观看，都会惊讶地发现无论是地被植物、多年生植物、灌木，还是小乔木，都完全不需要土壤，与生长在悬崖和瀑布周围的植物和灌木的方式相类似。那么它们是怎样存活和生长呢？原来完全依靠垂直支撑系统内提供的水分和养分。“曾经是一个标准图书馆的老墙壁，现在变成了一个奇妙的生态系统。”许多读者感叹道，“垂直花园起到提高能源效率和净化空气的作用，这不能不说是一个奇迹。”

值得借鉴的加拿大图书馆体系

加拿大是世界上面积第二大国家，地广人稀，各地区在语言、文化和经济等方面存在着差异，而图书馆在克服这些困难，为居民们提供服务方面作出了巨大的努力，尤其在发展地区图书馆事业和为北部地区印第安居民服务方面显示了独创性。由于加拿大资源丰富，技术先进，人民生活水平较高，政府和民众愿意并能够慷慨地支持图书馆事业，使得加拿大的图书馆在馆舍、设备、技术和利用率等方面都居世界前列，而加拿大的图书馆体系也发展完备，构成了一个清晰、完善的框架：

国家级图书馆

加拿大国家图书馆。1950 年在自治领档案馆馆长凯伊·拉姆的指导下，设立了加拿大书目中心，开始编制国家书目和全国联合目录。1952 年《国家图书馆法》通过后，加拿大正式成立国家图书馆，并由拉姆兼任首任馆长。国家图书馆开始时接收了国会图书馆的大量资料，后来依据出版物呈缴制度获得了大量本国新出版物的呈缴本，在制定了避免与其他图书馆不必要重复的采集计划后，又获得了大量早期的和外国的出版物。1967 年正式拥有永久性馆舍。1969 年新《国家图书馆法》生效，增加了国家图书馆的职能，包括协调联邦政府所有图书馆的工作、在建立书目系统与服务网络方面起领导作用等。随着信息技术的进步和应用，加拿大国家馆开发了自动化集成系统 DOBIS，为书目数据交换制定了议定书，并进行了开放系统互联模型应用的实验；加拿大科技情报研究所（CISTI）。该所 1924 年时为加拿大全国研究理事会图书馆，1959 年与国家图书馆分离（国家图书馆致力于人文和社会科学文献的收藏），1966 年改为国立科学图书馆，主要收藏科技文献资料。研究所在机读数据库检索的基础上开展的定题情报提供服务为订户廉价提供书目引文，通过全国各地的终端都可利用其配套的联机服务。1974 年新馆舍建成时，全国研究理事会将该会的技术情报服务部门与该馆合并，改为现名，但仍履行原国立科学图书馆的职能；国会图书馆。建于 1792 年，国家图书馆成立前为加拿大全国主要图书馆，后移交给国家图书馆 25 万册不常用书刊，同时接管了接收呈缴本和履行国际交换协定的职能。主要为国会提供法律参考服务；魁北克国立图书馆。建于 1968 年，主要负责收藏魁北克省和加拿大法语出版物，出版近期出版物目录和魁北克期刊索引，编制魁北克所有重要图书馆的联合目录，提供参考、书目和馆际互借服务，同时进行国际交换，主要是与法国国家图书馆交换出版物。根据《加拿大图书馆与档案馆产生法》，由加拿大国家图书馆和国家档案馆于 2004 年 5 月合并成立加拿大国家图书馆和档案馆，拥有 2 000万种（包括图书、期刊、报纸、缩微、文学作品、政府出版物等）书刊资料。

高等学校图书馆

1949年加拿大只有蒙特利尔的麦吉尔大学图书馆拥有50多万册藏书。上世纪60年代是加高等学校发展的黄金时代，高校图书馆也得到了发展。从1961到目前，全国高等学校图书馆的藏书从大约700万册增加了5 000多万册。图书馆经费平均超过大学的总预算的7.5%，几乎是美国大型高校图书馆的2倍。各馆大都新建了馆舍，人员增加了数倍，服务项目多样化，较早和广泛地利用了计算机技术。其中以多伦多大学图书馆、拉瓦尔大学图书馆和不列颠哥伦比亚大学图书馆等较为突出。

公共图书馆

加拿大的公共图书馆在法律上分别由10个省和2个地方掌管，但在相当长的时期里，政府对公共图书馆发展的参与和影响一直较小：无一省制定《公共图书馆法》，几乎都未颁布公共图书馆标准，甚至未真正地加强规章制度；获得的资助也很少。上世纪60年代后公共图书馆有了较大的发展，兴建了许多新馆舍，其中多伦多市公共图书馆的新馆以其规模和设计吸引了全世界的注意；魁北克省的公共图书馆事业在政府的支持下大为改观，随着服务的人口增加，同一时期图书馆获得的资助（按人口）增加了将近500%。80年代中后期，为适应预算减少和大规模移民对图书馆服务的需求等，加拿大图书馆协会组织了对全国公共图书馆的大规模调查研究，并提出了相应的对策。

专门图书馆

据统计，加拿大全国75%的专门图书馆是在第二次世界大战后建立的，约一半是60年代末建立的。大部分集中在政治、工业和金融中心城市，如渥太华、多伦多和蒙特利尔。全国约有2 000余所专门图书馆，其中大约一半图书馆的馆藏在1万册以下、全日制工作人员仅1人，但这些“1人图书馆”几乎都是由专业图书馆员管理的，规模虽小，所起到作用却不容忽视。70年代末和80年代初以后，上述三大中心城市以外的专门图书馆增多，自由图书馆员（指无图书馆的专业图书馆员）迅速增加，许多法律事务所雇用图书馆员，为专门图书馆员服务的图书馆协会也相继成立。

在图书馆协会建设方面，加拿大最早的图书馆协会是1900年建立的安大略图书馆协会之后于1911年建立的不列颠哥伦比亚图书馆协会。加拿大图书馆协会直到1946年才建立，宗旨是为促进图书馆发展和图书馆员的个人利益服务。此外，还有只限具有高级专业资格者参加的专业图书馆员协会，其中最大和最有影响的是安大略专业图书馆员协会。

骆驼移动图书馆：肯尼亚穷人的希望

1996年10月，肯尼亚国家图书馆加里萨分部负责人威克利夫·奥洛奇创办了骆驼移动图书馆，旨在帮助肯尼亚东北部的牧民尤其是孩子们，解决借阅图书难的问题。东北部位置偏远，道路简陋，难以看到学校，文盲率为85.3%，远高于全国31%的平均水平，成了被遗忘的角落。

以马姆土为例，这个村子没有通电通水。唯一的小学校十分简陋，学生上课的教室是光光的水泥地板房，有的甚至是靠几根粗树枝撑起铁皮顶、用泥砖砌墙的小屋。最缺的就是书，低年级的学生4人共用一本教材，高年级的也是3人共用一本。

由于到东北省的偏僻村落道路非常简陋，汽车经常会在沙地里抛锚，于是奥洛奇想到了能在沙漠中背负重物长途跋涉的骆驼，一周出发4次。驼铃响起，3只单峰骆驼穿过飞扬的灰尘，在荒芜干旱的土地上长途跋涉，给一个个村落驮来一座

“图书馆”。

骆驼移动图书馆在村落间巡游，一个村子停留一天。即使是气温超过40℃的旱季，也从不间断。奥洛奇选定了10个固定的停靠点，马姆土村是其中之一，骆驼移动图书馆每两周各到访一次。3～7年级的学生平日可以借书，假期中则在停靠点附近的帐篷里阅读书籍。考虑到1～2年级学生年龄小，8年级学生临近毕业，书籍难以回收，所以他们不能借书。

越来越多的慈善组织和个人开始关注骆驼移动图书馆，捐赠书籍，现拥有图书7 000余册。2007年一本以骆驼图书馆为原型创作的小说出版，更是增加了骆驼图书馆的知名度。小说作者玛莎·汉密尔顿随后发起了“作家帮助非洲扫盲”的计划，号召每位作家为骆驼图书馆捐赠5本自己喜欢的图书，世界各地有200多位作家响应。她还与法拉联手，创办了“骆驼图书驱动力”网站，进一步拓宽了覆盖面更广的图书募集渠道。

穷乡僻壤的人们生活在干旱、饥饿和疾病之中，从来没有摸过书，是骆驼移动图书馆给他们带来了知识和希望。

马耳他国家图书馆：从骑士时代走来

马耳他国家图书馆的历史最早可以追溯到1555年，根据当时耶路撒冷圣约翰骑士团长官的法令，已故骑士的书籍必须赠送给骑士团供其他成员使用。1649年，在瓦莱塔修建的方济会的圣约翰教堂中辟出了正式的图书室，用以存放藏书。

1760年执行官弗拉·路易斯·德·唐森向公众捐赠了10 000卷图书，其条件是设立公共图书馆。1766年唐森去世后，为了纪念他，人们将这一图书馆称为唐森图书馆。因而马耳他国家图书馆的前身即根据耶路撒冷圣约翰骑士团规定成立的公共图书馆。1776年德·罗昂颁布的骑士团总规是新图书馆得以兴建的前提，新馆由在波兰出生的西西里人斯特法诺·艾塔设计，1796年竣工。1798年马耳他被拿破仑占领，法国当局开始进行图书搬迁活动，后因当地人的反叛而终止。英国人入主马耳他后，图书馆建筑一度沦为咖啡俱乐部和驻军的图书馆。英国行政官希尔德布兰德·奥克斯在图书馆的恢复中起了重要作用，在他的努力下，终于使这座骑士时代最后的重要建筑物于1812年6月4日重新作为图书馆投入使用。在旧图书馆里有80 000卷图书，而运到新馆的仅剩30 000卷。起初图书馆开放时间很短，令读者感到很不方便，并且使用要收费，交5先令可在半年内借阅图书。当时藏书主要为拉丁文、法文和意大利文。在古文物博物馆落成前，马耳他和戈佐一带的古本和珍本都收藏在这里。根据议会法律，该馆于1925年成为保存本图书馆。自此出版商须分别向该图书馆、戈佐公共图书馆和大英博物院呈缴一份其出版的图书、报纸、期刊。马耳他独立后，第三项呈缴终止了。1936年更名为皇家马耳他图书馆。第二次世界大战期间，善本书都保存在有简陋空调的地窖里，30 000卷藏书仅有两份手稿受损，其中一件是遭到老鼠吞噬。1976年正式命名为马耳他国家图书馆，成为单一的研究参考性图书馆。根据1990年的《国家档案法》，国家图书馆隶属于马耳他图书馆档案部。其馆藏由图书、小册子、报纸、期刊、单页资料以及视听资料组成，主题多与马耳他有关。在该馆的珍藏中，有1530年以皇帝查理五世及其母后乔安娜名义签发的文献。医院骑士团的圣安托万·德·维耶努瓦于1781年将其珍贵的图书馆藏书移交给了圣约翰骑士团，这部分收藏包括15世纪的著名抄本《修士圣安东尼的一生》，内含196幅袖珍绘画。除了已故骑士的书籍，图书馆还收到一些遗赠和藏书。如兼并了医生兼高级教士朱塞佩·扎米特于1687年建立的萨克拉·安费米拉图书馆，扎米特也捐赠了15 000卷图书给该馆。马耳他国家图书馆正在进行计算机化的目录使用英国机读目录格式，所有的新书都使用这一格式。大部分报纸亦进行了缩微化，就像骑士团档案一样，该项目也是和美国明尼苏达州的杨百翰大学合作的。1981年成立图书修复实验室，进行珍本修复工作。1983年刊行《马耳他国家书目》，将每年出版的大约400种著作进行综合著录。这部分书主要是图书馆收到的呈缴本，也有购进的海外马耳他人撰写的有关马耳他群岛的书籍。

“七棵树”图书馆：圣何塞市市长的承诺

在美国加州的第三大城市圣何塞，两层楼的“七棵树”图书馆虽然已经关闭，但书籍照样流动，读者可以借阅图书。作为圣何塞公共图书馆系统4个新分馆之一，“七棵树”图书馆早已竣工落成。馆内崭新的书架和技术中心引人注目，但由于财政拮据，管理部门无法支付工资，所以现在没有馆员上班。

4个新图书馆总计占地6.8万平方英尺，是在2000年那场互联网泡沫顶峰时期大量发行债券的产物，目前没有为一个图书馆制订预算计划。1995年至2001年间，在欧美及亚洲多个国家的股票市场中，与科技及新兴的互联网相关企业股价高速上升，西方国家的股票市场在互联网板块及相关领域带动下的快速增长。这一时期的标志是成立了一群大部分最终投资失败的，通常被称为“.COM”的互联网公司。股价的飙升和买家炒作的结合以及风险投资的广泛利用，创造了一个温床，使得这些企业摒弃了标准的商业模式，突破传统模式的底线，转而关注于如何增加市场份额。互联网泡沫其实只是人们在早期对互联网的期望过高，而后产业信心消失后，造成的短时期的下滑。

尽管设计新颖的“七棵树”图书馆已经关闭，但是不久前开放的一楼社区活动中心仍然吸引了源源不断的居民。社区中心的工作人员现在已经习惯于把读者直接领到一个转角房，上面挂有“‘七棵树’图书馆之友”的牌子。除了像“图书馆之友”一类的团体常做的通过销售旧书筹集资金之外，“‘七棵树’图书馆之友”还开办了一种非正式的图书借阅业务。

一天，“‘七棵树’图书馆之友”会长威尔玛·哈希女士正在整理一箱捐赠的图书，这时有一名女士打听道：“您好，请有没有任何美国黑人孩子的图书?”

“对不起，借完了。”哈希女士指着底层书架上摆着的少量儿童读物解释说，“这类书周末和假期很难借到，但我一定会去‘国王’图书馆为您挑选几本。”

在“七棵树”图书馆 2008 年关闭时，哈希女士就已经担任“‘七棵树’图书馆之友”的会长。她是一位退休的图书馆馆员，热情和善，乐于助人，很负责任。因为圣何塞市 2012 ~ 2013 年度的财政赤字高达 1 亿美元，所以今年 6 月通过的公共图书馆系统预算仍然少得可怜，图书馆还得继续关闭。圣何塞市市长乔克力其实已经做出了承诺：在他 2014 年年底离任时，4 个新图书馆全部开放。

现在，“七棵树”图书馆一楼的社区活动中心正常开放，读者络绎不绝。哈希女士忙于整理各种捐赠，及时记下了读者的需求。另一名戴着厚厚眼镜的白发男子说，他正在留意用大号铅字排印的书籍。由于许多妈妈带着孩子坐在小小的折叠椅上，津津有味地读书，因此哈希女士打算筹措更多的图画书。

一名妇女正在自学西班牙语，询问有没有通俗易懂的西班牙语书籍。虽然很累，但满头银发的哈希女士却高兴地说："这种和社区居民密切相关的事情还真的值得一做。"

"图书馆之友"是美国体制下公共图书馆不可或缺的强有力的社会支持团体，在图书馆事业的发展中起着不可低估的支持与监督作用。由热心图书馆事业的人士组成，其中包括经常利用图书馆的热心读者、离职的专业馆员和图书馆委员会的卸任人员等。"图书馆之友"参与多项活动，如对公共图书馆的宏观管理和考评，为图书馆争取议会和民众的支持以获得更大程度的财政拨款，为图书馆争取各种基金会、企业和社会团体的赞助，招募和充当图书馆志愿者。"图书馆之友"还代表民众向图书馆提出服务诉求，督促图书馆实现其应尽的社会义务，以提高图书馆的服务水平。

在"七棵树"图书馆闭馆期间，正是靠哈希女士领导的"图书馆之友"填补了空白。正如经常光顾的居民鲁迪·冈萨雷斯赞不绝口的那样——"哈希女士，您在这里真是太好了"。

北卡罗莱纳州立大学图书馆：美国一流的学习研究中心

美国北卡罗莱纳州立大学（NCSU）成立于1887年，系政府出资并主管的公共教育机构。它现有三万多名学生，是该州规模最大的大学。该大学的农业、设计、工程和纺织品等学科有着非常悠久的历史，目前在数学、气象学、经济学、政治学、林业、物理和教育诸多系科中共开设本科学位一百多个，研究生学院提供心理学、公共管理、统计和兽医学等方面的一百多个研究领域。在2007年，《普林斯顿评论》（The Princeton Review，TPR）将该大学评为北卡罗莱纳州第二个最有价值的公立大学。TPR是一家提供多项考试的美国公司，考试的分数被美国各大学所采用，成为入学的标准。其学校排名有一定的权威性，得到全美各大学的认可和承认。

享有较高声誉

该大学图书馆由主馆、纺织图书馆、设计图书馆、自然资源图书馆以及兽医医学图书馆等分馆组成。全馆目前共有员工288人，其中专业图书馆员和专家124人，辅助职员108人，学生助理56人。为了便于联系，图书馆网站上提供有每一位员工的详细信息及其通讯方式。不久前，NCSU图书馆□加了第5个分馆，名叫“James B. Hunt Jr.”图书馆，以满足师生的需求。

为了确保视力、听力残障以及行动不便的用户能像普通读者一样的进行学习和研究，该大学图书馆建有援助技术中心和残疾人通道等，提供包括图书取送、复印、参考咨询、预约和代理相关信息需求的馆外获取等在内的一系列服务。

作为一所研究型的大学图书馆，该大学图书馆在美国同类图书馆中享有较高的声誉，排名第32。是美国研究图书馆协会（The Association of Research Libraries）、研究图书馆中心（Center for Research Libraries）和数字图书馆联盟（Digital Library Federation）的成员馆之一，被指定为北卡罗莱纳州数字资源存取项目NC LIVE项目主要的服务站点。该大学图书馆是第一个获得高校与研究型图书馆协会“优秀学术型图书馆”奖励的大学图书馆，并在2003年被美国图书馆协会授予“未来图书馆奖”。馆长苏珊·纳特于2005年被《美国图书馆杂志》（American Library Journal）评选为年度图书馆员。

在馆藏建设方面，该大学图书馆以学校各单位需求为依据，在进行综合调查统计后确定发展重点。藏书侧重于农学、建筑学、生物学、设计、工程学、昆虫学、森林资源、数学、物理科学、统计学、纺织、兽医医学等领域。在该大学图书馆，还保存着美国联邦政府和北卡罗莱纳州政府的档案资料、美国国家技术情报局的研究报告和美国专利商标文献等重要文件。另外，还珍藏有大量的设计蓝图、建筑图纸、剪贴簿、绘画作品、通信手稿、昆虫学收藏和北卡罗莱纳州立大学发展沿革的各种档案照片等。

传递数字资源

为了与时俱进，打造成一流的学习研究中心，该大学图书馆组建了学术交流中心、信息技术教育中心及实验室、数字媒体实验室、可用性研究实验室、数字图书馆计划部、学习技术服务处、教职员发展服务小组、数字出版中心等部门，与校内各教学科研单位紧密联系，携手合作，为全校教职员工的各项学习、研究和创新工作提供包括法律援助在内的全方位支持。

在保留传统的图书借阅业务的同时，该大学图书馆还开设了全方位的数字图书馆服务项目。主要有通过图书馆主页提供对三百多个书目数据库、4.6万种电子期刊和17.1万种电子图书的访问；由Endeca搜索软件支持的在线馆藏目录；灵活的网络架构支持校内及本州范围内校外用户对图书馆数字资源的高带宽无线访问；对各种数字资源的跨库检索功能，并在三角研究图书馆网络范围内提供馆际互借服务；地理信息系统软件服务；对北卡罗莱纳州地区公众提供在线的参考咨询、馆际互借和流通续借等服务；全美最全的地区专利商标文献库；24小时的在线课程资源预约支持系统；笔记本电脑、mp3、iPod播放器的馆内借用。据统计，图书馆目前每年提供流通传递的数字资源副本量在一百万件左右。

该大学图书馆新设立的phone和wolf walk项目已经启动，可以使用该大学图书馆的特殊集合研究中心的图像以及手机的GPS功能为用户提供NCSU校园内的照片浏览。在校园墙壁上设立巨大触摸屏终端和中心，学生能够通过智能手机或平板电脑在日常生活中使用触摸屏技术。

新建第五分馆

北卡罗莱纳大学图书馆将自己定位为北卡罗莱纳社区及其合作伙伴的知识门户，为达成学校的教学科研目标和促进世界知识进步提供信息服务，新建的“James B. Hunt Jr.”图书馆充分体现了这一理念。

由国际著名的斯诺赫塔建筑事务所设计建筑的新分馆别具一格，藏书偏重于工程专业、纺织专业及其他科学领域，是学生潜心读书和研究的宁静中心。周围的景观突出北卡罗莱纳州地形的自然美，令人叹为观止。斯诺赫塔建筑事务意在使“James B. Hunt Jr.”图书馆获取美国绿色建筑协会的LEED银奖，LEED得到了世界范围内不同气候带国家的认可，已经成为全球默认的主流绿色建筑评级体系可。

玻璃幕墙是新分馆的一大亮点，不仅能辉映该校校园内精心培育的园林树种，构成一幅美丽的绿色画卷，而且还能引入自然光，使采光甚佳的整个馆舍笼罩在适宜读书的光线之中。像百叶窗的铝构件覆盖着多孔玻璃，它在直接阻止吸收太阳辐射的同时能让周围的自然光透进来，向建筑物内部提供柔和的光线。几个露天的空间连接图书馆的各个楼层，其中包括一个明亮的敞开式楼梯，使人心旷神怡。为了减少能源消耗，“James B. Hunt Jr.”图书馆采用了主动式冷梁系统和辐射板等有助于制冷和供暖的绿色技术。

“James B. Hunt Jr.”图书馆还了采用最先进的图书馆机器人bookBot自动化检索系统，贮存200万册图书仅需要普通书架1/9的空间。图书馆移动机器人系统能实现图书自动存取和图书上下架整理等，是先进的数字化图书管理设备。通过一个称为“虚拟浏览”软件系统，用户可以大饱眼福。

"James B. Hunt Jr." 图书馆不但具有传统图书馆的宁静氛围，而且拥有先进的数字技术，为学生提供了一个理想的研究和学习场所。

美国波士顿的“占地”帐篷图书馆

2011年9月17日，上千名示威者聚集在美国纽约曼哈顿，试图占领华尔街，有人甚至带了帐篷，扬言要长期坚持下去。他们通过互联网组织起来，要把华尔街变成埃及的解放广场。示威组织者称，他们的意图是要反对美国政治的权钱交易、两党政争和社会不公正。2011年10月8日，“占领华尔街”抗议活动呈现升级趋势，千余名示威者在首都华盛顿游行，如今已逐渐成为席卷全美的群众性社会运动。

在波士顿这座全国首个大型公共图书馆“故乡”的城市，伴随着示威者的“进军”，一个简陋的新式图书馆应运而生，栖身在绿色的军用帐篷里，坐落在示威者驻地的杜威广场。别小看这个不起眼的图书馆，里面不断增加的馆藏包括500多册图书，根据消费、性别、行动和组织等类型排序，甚至摆有学术大部头，而且借阅的图书没有到期日或滞纳金。

帐篷图书馆由一个名叫约翰·福特的书店老板组建，一些赞同“占地”运动的图书馆馆员负责图书借阅等事项。为了支持“占地”抗议者，福特暂时关闭了他在马萨诸塞州普利茅斯经营的“梅塔科米特”书店，转而开办了帐篷图书馆。馆内还保存着波士顿示威组织的会议记录和建议的档案以及最初的演讲稿和写作研讨会方案，以帮助抗议者制订更加严密的“占地”策略，在他们沮丧时鼓劲打气。“我希望，帐篷图书馆至少有助于读者更深刻地理解自己来这里参加示威活动的意义。”30岁的福特站在堆积着新捐赠图书的桌子前面说。

有专门的志愿者在“物流”帐篷里工作，这是负责示威活动所需用品供给的主要枢纽。其中捐赠的图书源源不断，每天多达50本以上。

波士顿并不是示威者唯一建起自己图书馆的抗议现场，在纽约华尔街、洛杉矶、波特、俄勒冈州和其他地方也有。华尔街的“占地”图书馆组建起来难度更大，因为当局不允许示威者支帐篷。“有几个华尔街的示威者来过我们这里，说他们不如我们组织得这么好，我听后十分兴奋。”帮助创建“占地”波士顿记录存档的维尔德·梅厄说，“当然，这不是竞争。”

尽管如此，在帐篷里办图书馆面临着许多挑战。前不久，肆虐的大风将绳索刮断，致使绑在帐篷架子上的几个装书的箱子掉了下来，把书撒满一地。闻讯赶来的福特手脚麻利，在不到10分钟的时间里用弹力绳索重新把箱子牢牢地捆绑在帐篷架。

28岁的斯蒂芬·施贵宝是哈佛大学的一名毕业生，专门负责“占领”波士顿活动的媒体宣传工作。这位志愿者弓着背坐在图书馆的角落里，用笔记本电脑浏览英国古典经济学家亚当·斯密关于“道德情操理论”的论述。他一忙就是一整天，为文学杂志《N+1》和《艺术论坛》（Artforum）撰稿。“我沉迷在小小的图书馆里，分不出人和书。我只是觉得，在这里所做的事比以前任何时候都更多更好。”施贵宝感慨道。

伊利亚·斯拉温斯基今年24岁，在一个非营利型组织做事，是和警察对峙期间被捕的141人中的一位，被释放后躲进了帐篷图书馆。他在阅读了历史学家霍华德·津恩的论著《人民的历史》（People's History）之后，对美国历史上因滥用特权而使国家和人民遭受蹂躏的案例有进一步的了解。斯拉温斯基指出："通过重温历史，面对现实，我看清了一个更真实的美国。"

因为《人民的历史》是很多读者要求阅读的图书，所从帐篷图书馆不允许外借。就像传统图书馆里的《大英百科全书》（The Encyclopaedia Britannica）一样，考虑到其重要参考价值也不外借。

一些示威者认为，从另一个角度来说，图书可以使人从严酷的现实生活中走出来，让心灵得到休憩。从多切斯特高中辍学后，18岁的卡桑德拉·莱德斯马已经参加了两周的波士顿"占地"活动。当她在寻找喘息休息的机会时，帐篷图书馆是她的首选。莱德斯马对埃利·威塞尔的《夜》（Night）爱不释手，虽然在高中读过，现在仍然想再读一遍。埃利·威塞尔是20世纪下半叶德国的重要思想家与和平活动家，荣获1986年诺贝尔和平奖。"在帐篷里安顿下来，读一本书，使自己陶醉于宁静，是人生的一大乐事。"莱德斯马说。

波士顿公共图书馆：美国第一个公众投资的大型免费市立图书馆

文献资源共享是美国图书馆奉行的最重要原则之一。不需要借阅证，人们可以随心所欲走进任何一家图书馆，在馆内逗留，消磨时光，哪怕整整一天；不需要图书管理员帮助，人们可以自行检索书目，从书架取下喜欢的图书、报刊。但是珍本藏书和手稿例外，这是图书馆仅有的例外。如果需要这部分文献，或借出馆外阅览，或复印，读者必须注册，办理借阅证。藏于美国各个大图书馆，如纽约公共图书馆、波士顿公共图书馆、国会图书馆的这类文献都是这样管理的。注册、办理借阅证均为免费。

为了吸引公众走进图书馆享用图书，图书馆推出多项善举，如多数城市图书馆免费使用 WiFi；乡村图书馆免费使用 Internet。在乡村，图书馆是唯一免费使用网络的地方。毫无疑问，许多年轻人因此成为图书馆使用者。没有哪位图书馆管理员责怪、难为这些年轻人，尽管他们走进图书馆只是为了上网。吸引公众，使潜在的读者对图书馆产生兴趣，从而利用图书馆，这是美国图书馆一项重要工作。

美国图书馆外借的图书有文学、艺术、其他专业图书，还有视听资料、乐谱、不同年份的定期出版物，大型图书馆拥有多种语言的外文图书。

图书馆的发展需要资金支持。如果当地政府试图缩减图书馆财政经费，美国人民可不答应，他们会站出来说话。他们认为图书馆建设的事情就是他们自己的事情。著名慈善家、运动员经常捐资支持图书馆建设和发展。

波士顿公共图书馆是美国第一个公众投资的大型免费市立图书馆，建馆得力于个人资助；也是美国最大的城市公共图书馆，藏书 2 200 万册次。美国图书馆协会统计数据显示，从馆舍面积看，波士顿公共图书馆继美国国会图书馆、纽约公共图书馆之后，排在第 3 位，世界排名第 14 位。

1854 年 3 月 20 日，波士顿公共图书馆向公众开放。当时图书馆位于 Manson 街，藏书 1.6 万册次。馆藏建设发展迅速，馆舍面积很快捉襟见肘，不够用了。几经迁移，从一个地方到另一个地方。1887 年著名的纽约 Mckim 公司受命设计新大楼。一年后开始施工建设。大楼呈意大利文艺复兴时期风格，备受瞩目，好评如潮，被誉为“人民的皇宫”。大楼专门为儿童设计了儿童阅览室，这在当时是全国首创。

该馆现拥有有 2 座大楼，相互毗邻。第二座大楼建于 1967～1971 年，1972 年开始接待读者。其建筑风格秉承了第一座大楼风格，两座大楼相互映衬，熠熠生辉。第一座大楼是波士顿公共图书馆文献资料收藏中心，第二座大楼是文献资料流通中心。

波士顿公共图书馆艺术史、美国历史类藏书丰富，成为是国家文献资料宝库。藏书中有 170 万册次珍本图书和手稿，其中有中世纪手稿和古老的印刷出版物、莎士比亚早期出版物、笛福藏书、亚当斯私人图书馆部分藏书、罗兰森画集、韩德尔和海顿档案。

该馆 2 楼有遍及世界各种语言的藏书，俄文图书占据了 2 楼藏书室的 1/3，室内还有中文、日文藏书，这些藏书让外国读者惊奇不已。

波士顿公共图书馆始终保持着自由出入图书馆的传统习惯，自由进馆，自主选书。馆藏图书和其他文献资料准许馆外阅读，阅读基本藏书不需要注册、办理借阅证。只有将图书借出馆外、复印资料或借阅珍本图书时，借阅证方派上用途。

在美国，公共图书馆不仅仅是借书的地方，它已经成为美国人民生活的一部分。它的教育功能不仅仅是通过提供阅读这一个途径来体现，更多的是通过传播知识和技能，分享感受和经验，促进沟通和理解来达到全民平等教育的目的。

波士顿公共图书馆建馆理念、服务理念在美国社会生活中发挥着积极作用。

美国大力发展更加节能环保的绿色图书馆

2011年2月3日，美国总统奥巴马宣布了“修建更好建筑物”的计划，旨在使商业楼宇的能源使用减少20%。目前，所有新建或翻新的联邦建筑物必须至少达到LEED银级认证。LEED是美国民间绿色建筑认证奖项，由非盈利组织美国绿色建筑协会（USGBC）于2003年开始运作，目前在世界各国的各类建筑环保评估、绿色建筑评估以及建筑可持续性评估标准中被认为是最完善、最有影响力的评估标准。图书馆地处居民区或城镇的中心，在帮助社区居民对绿色建筑和LEED的认识和了解方面有着得天独厚的优势。当然，这就首先要求图书馆自身的建筑过硬，能够通过LEED认证。

丹尼尔分馆：将屋顶绿化

哥伦比亚公共图书馆堪称绿色建筑的典范，许多分馆的建设或翻新都以能达到 LEED 认证为目标。绿色图书馆是指在建筑物的全寿命周期内最大限度地节能、节水、节材，减轻对环境的负荷，保护环境和减少污染，为读者提供健康、适用和高效的使用空间。回归自然是丹尼尔分馆设计建筑的一大特色，强调与周边环境相融合，和谐一致，动静互补，做到保护自然生态环境，人及建筑与环境的和谐共处，永续发展。

丹尼尔分馆充分利用太阳能，采用节能的建筑围护结构，减少采暖和空调的使用。根据自然通风的原理设置风冷系统，使建筑物能够有效地利用夏季的主导风向。图书馆在建筑设计、建造和建筑材料的选择中，充分考虑资源的合理使用和处置，力求使资源可再生利用。

在丹尼尔分馆的建设中，周围居民提出要给屋顶绿化。绿色屋顶是指在建筑物顶面种植植物，形成一个综合生态体系，为城市增加绿化面积，从而起到缓解城市“热岛效应”和改善城市生态环境等作用。它又被称为“会呼吸的屋顶”，能够减少屋顶建筑材料带来的辐射热。“作为对公众的积极回应，我们盖起了绿色屋顶，努力把图书馆打造成为标准的绿色建筑，成为当地的表率。”丹尼尔分馆馆长 Eric S. Riley 说。

湖景露台图书馆：建筑材料可回收利用

在加利福尼亚州的莱克维尤，湖景露台图书馆把一个确保环境永续、美观实用的绿色建筑与周围的社区紧紧地联结了起来。经过评定，这个高质量的建筑物成功地获得 LEED 金级认证。

在湖景露台图书馆的入口处，只见一个光伏方阵高高耸立，蔚为壮观。不但能利用太阳能发电，为图书馆提供 15% 的能源，而且还可以给进进出出的读者蔽日遮阴。该馆还与厂商签订了合同，确保建筑物使用风能，摒弃矿物燃料能源。为了尽量减少人工光源的需求，充分利用日光，阅览室沿着一条东西轴线设计建造。图书馆的拱形结构确保了空气流通，不靠空调也能使建筑物通风降温，即使没有大的自然风同样起作用。

为了美化图书馆的景观，设计师在使泊车的路面更节省的同时，合并和绿化了大量的空间。由于景观美化工程能存贮水分，图书馆的排水减少了25%。为了节省灌溉用水，以种植耐旱植物为主，而且下雨时系统会停止浇水。在图书馆里，安装的全部是节水管道装置。以充气水龙头为例，它把空气与水混合在一起，既保持湍急的水流，又能节约用水，减少不必要的耗水量。

在湖景露台图书馆的建设中，使用了很多回收材料，其中包括绝缘物、地毯和钢结构等。此外，建筑物用的水泥含有部分粉煤灰。在所用的建筑材料中，成功回收利用的废料约占75%。

特朗布尔图书馆：利用太阳能发电

在康涅狄格州特朗布尔图书馆，UI 电力公司赠送的一份宝贵“礼物”——能产生4千瓦电力的18块太阳能电池板颇为引人注目。为了检测太阳能电池板的潜力，该公司正在实施一项试点方案。“市政厅认为我们的图书馆是一个理想的位置，因为它位于市中心，开放的空间大，平的屋顶适宜安装”。馆长 Sue Horton 指出，“从长远来看，此举有利于推动绿色图书馆的建设和发展，意义非常深刻。”

太阳能电池板在去年11月安装完成，可以产生899千瓦时的电能，能满足图书馆的运转需求，为上网、打印和照明等提供用电，该系统的估计寿命为30年。太阳能发电的信息可以随时在一个显示装置上查询，安放在图书馆借还台附近，往前走几步便是儿童阅览室。

对于太阳能这种可再生能源，好奇的读者颇感兴趣。工作人员则庆幸本馆能成为使用太阳能电池板的试点口位，并且为自己对环保作出的贡献觉得自豪。Sue Horton 说：“在谈论未来如何让图书馆更加绿色和环保时，我们个个都很兴奋。”

哥伦比亚大学图书馆：每天约有1.5万人利用

哥伦比亚大学图书馆1754年建立于纽约市，为英王学院图书馆，1763年任命了首任馆长。美国独立战争开始时拥有藏书2 000册，战后只剩下200册。1784年在纽约州立大学董事会的支持下重新开放，改为现名。1838年获得穆尔教授捐赠的大量古典语言文学藏书，穆尔也成为首任专职馆长。1883年M. 杜威被任命为馆长，他将分散的藏书改为集中管理，在阅览室实行开架，延长开馆时间，配备学科专家提供参考咨询服务等。1897年迁到新的馆舍时，藏书达到7.5万册。1934年藏书超过100万册时，爱德华·哈克尼斯捐赠的拥有先进设施的9层图书馆馆舍启用，主要收藏人文科学、历史和社会科学研究资料，图书馆服务学院和哥伦比亚大学5个系的图书馆也设在此处。

目前，哥伦比亚大学的26个图书馆总藏书量达870万册，并且收集有微缩胶片600万套，2600万种手稿，以及60万册善本书，10 万张 VCD 和 DVD，20 万份官方文件。这些图书馆包括人文与历史、科学与工程和社会科学 3 大类，主要有巴特勒图书馆、生物科学图书馆、商业与经济图书馆、化学图书馆、工程图书馆、地质图书馆、地学图书馆、新闻图书馆、莱曼国际事务图书馆、数学图书馆、音乐图书馆、哲学图书馆、物理与天文学图书馆、心理学图书馆、图书馆服务学院图书馆、社会工作图书馆等，它们共同构成了哥伦比亚大学图书馆涵盖全校各个学科的强大体系。其中有著名特藏有恩格尔英美文学藏书、塞利格曼经济史藏书、美国铸字工人协会藏书、普林普顿和史密斯学校教科书与中世纪手稿藏书、洛奇希腊和罗马作家藏书、布兰德·马修斯戏剧和戏剧史藏书、帕克·本杰明纽约文献藏书、基尔罗伊纽约市政治活动藏书、蒙哥马利会计学藏书、菲尼克斯文学和旅游藏书等。全校图书馆系统提供一般问讯服务、研究和情报服务、数据库服务、图书馆利用指导、残疾人服、缩微复制和照相服务、打字服务等。可在各馆通过“哥伦比亚图书馆情报联机”和卡片目录检索全校藏书目录。据统计，每天约有 1.5 万人利用图书馆，流通各种资料 100 多万册。读者可通过馆际互借从研究图书馆组织和纽约州馆际互借系统借到该校未藏资料，也可从美国其他图书馆和英国外借图书馆得到复制品。

美国国家农业图书馆：美国四大国家级专业图书馆之一

美国国家农业图书馆的前身为美国农业部图书馆，成立于1862年。1862年林肯总统成立农业部时，首任部长伊萨克·牛顿即建立了农业部图书馆。最初的藏书是美国专利局移交的1 000多册农业图书，后来多次接受私人捐赠，到1940年成为农业部系统的中心图书馆。1942年编辑出版著名的《农业文献目录》。1954～1968年F. 莫尔哈特担任馆长期间该馆获得了巨大的发展。莫尔哈特促成了国际农业图书馆员和文献工作者联合会的成立，并担任首任主席；主持建设了新馆舍；成立计算机小组，将电子计算机引进文献加工；主持研究《农业文献目录》的标引系统，编制《农业和生物学词表》，编制73卷的《国立农业图书馆字典式目录（1862～1965）》；为使全国图书分类逐渐一致，废除原自编十进分类法，改用《美国国会图书馆分类法》；创办《国家农业图书馆新书目录（月刊）》等。1990年美国国会通过决议，更名为现名，成为美国四大国家级专业图书馆之一。美国国家农业图书馆是美国的农业文献情报中心，承担国家农业图书馆和农业部图书馆的服务职能，包括搜集、组织、管理、提供农业信息，并提供高质量的信息服务；培训农业咨询评估人员并满足其信息需求；承担全球农业信息资源管理领导者的职能；通过机构合作或信息技术最大限度地满足用户的信息需求；通过信息交换以及系列服务和技术支持提高全球合作水平。

美国国家农业馆主要收集植物学、园艺、林业、兽医、养蜂、家禽、农业、昆虫学、生物技术、土壤肥料、农业工程、农村开发、农产品、农业贸易与销售、食品与营养等学科或专业的文献，也收集生物、化学、物理等相关领域的文献。服务项目包括借阅服务、文献检索、定题服务、参考咨询服务、馆际互借、复制服务等。农业部工作人员可外借文献，全世界任何地方的人都可进入和利用该图书馆。目前，该馆收藏300万册专业图书，以及360万册政府文件，缩微品100万件，地图近2万件。该馆主要业务部门有馆长办公室（包括原地区和专业计划部）、资源发展部（包括采访、编目、期刊、索引等组）、情报存取部（包括流通、参考、维护等组）、情报系统部（包括农业联机存取、近期文献通报服务等组）。该馆也重视利用信息技术提升服务，目前已加入联机计算机图书馆中心馆际互借系统（OCLC）。同时，还在近年提出“国家农业数字图书馆计划”，制定了电子资源选择策略，界定电子资源概念，并在对其形式、影响、质量控制、数量控制、经费预算等方面进行研究的基础上，制定了相关馆藏发展政策；开通数字化桌面系统 DigiTop，全方位保证农业部不同层次的信息需求：1. 集成信息服务系统 ISIS，包括内容涵盖1 400种科技和专业期刊的在线全文数字资源系统，以及来自全球的报纸、引文数据库、统计数据及其他重要的参考源文献；2. 最新文献服务系统 CALS，又名 DigiCALS，依靠 13 个书目数据库，向农业部相关人员提供所需信息资源，使农业部人员及时了解本领域的世界发展趋势；参与了美国国会图书馆的“国家数字信息保存计划”；2006 年，美国国家农业馆宣布建立一个在线数字仓库 NALDR（The NAL Digital Repository），有选择地将美国农业部的印刷品文献数字化，其中包括农村发展方面文献的数字化项目、涵盖 1800 年以来的一系列农村发展研究报告、农业信息简报、经济研究报告、美国农业部 1894 ~ 1992 年的农林年鉴等。此外，还建立了美国农业联合数字资源网络中心，是由国家农业馆及所属 8 个信息中心、多家大学、学术研究机构、非营利组织机构的农业信息研究服务机构组成的机构联盟，目前联盟成员已达 44 个。

哈佛神学院图书馆：残疾读者的“学习乐园”

哈佛大学是美国最早的私立大学之一，以培养研究生和从事科学研究为主，总部位于波士顿的剑桥城。据统计，有 5 位美国总统和 30 多位诺贝尔奖金获得者曾在这所著名的高等学府学习过。该校建于 1636 年，堪称美国最古老的大学。美国于 1776 年建国，比哈佛大学建校要晚 140 年。该校的建立是因为当时的英国殖民者想在美国的土地上建一座大学，而且建校者当中有很多人都是剑桥大学的毕业生，所以哈佛大学所在的城市也就被命名为剑桥城，其实它原来的校名叫做“剑桥学院”。哈佛现在的名字来源于一位名叫约翰·哈佛的学校校务委员，1638 年因病逝世。他曾留下遗嘱，把自己的一半积蓄和 400 本藏书捐献给学校。后来经过美国议院的投票，决定将这所大学命名为哈佛大学。

哈佛大学图书馆是美国历史最悠久的图书馆之一，以规模大和藏书多享誉世界。经过 300 多年的发展，藏书多达 1 000

余万件，设有大大小小、分门别类的近百个分馆。不仅学校的每个学院都有自己的图书馆，而且还有各类专业图书馆。各馆都有其无可替代的特色，藏书各不相同，面向不同的学者，侧重于不同的领域，充分显示哈佛非中心化的体制。在哈佛师生的学习和研究中，这些蕴藏思想智慧的综合性馆藏资源发挥着重要作用。

作为其中的一个分馆，哈佛神学院图书馆地处美国马萨诸塞州安多弗，以其丰富的馆藏和周到的服务闻名遐迩。尤其是对残疾读者的关爱、照顾和帮助，做得更加出色。不论从整体的布局设计，还是资料的陈列摆放，或者设备的添置安装，该馆都致力于满足所有永久或临时残疾读者的需求，帮助他们更容易和有效地利用馆内的全部资源。为了方便残疾读者，哈佛神学院图书馆设有特别的停车场和厕所。

要进入哈佛神学院图书馆大门，可以从院子通往图书馆大楼的入口处乘电梯。进入大楼后，所有楼层都通电梯，十分方便。图书馆南侧有专门的“运送和接收”通道，直达弗朗西斯大道的停车场，专供残疾读者使用。只要事先用通道旁的公共电话与服务台联系，告之使用的时间，工作人员便会做出安排。另外还能经洛克菲勒厅对面的入口到达图书馆，当然都离不开电梯。

工作人员主动接待每一位残疾读者，与其亲切交谈，介绍图书馆的有关情况，提出中肯建议。凡初来乍到者，必定领着他们四处转悠，熟悉环境。当残疾读者无法检索所要的图书资料时，可以求助。只要告诉的图书编目号码正确无误，图书借还台的工作人员便能及时地把书找到。

哈佛神学院图书馆所有的资料室和阅览室都配备了自助式复印机，无法操作的残疾读者可把需要复印的材料送到服务台，请工作人员帮忙完成。二楼还有自助式缩微印刷品阅读印刷器，残疾读者同样能求助于服务台。为了避免出错，必须确认一本书的图书编目号码或完整的引文书目和需要影印文章所在期刊的图书编目号码。根据规定，一律按自助价格收费，不增加额外的费用。

为了给无法使用像 HOLLIS 等网上资源的残疾读者助一臂之力，哈佛神学院图书馆增加了馆员协助搜索的服务项目。通过这项服务，他们寻找某个专题的信息、图书资料、验证引文书目等，再也不必花九牛二虎之力了。

在哈佛神学院图书馆，残疾读者还能借阅哈佛大学其他图书馆或者非哈佛大学图书馆的图书和期刊文章的影印件。而且借书不收费，影印件只按自助价格收费。对于因身体残疾而走动不便与别的图书馆缺乏联系的人来说，这真是帮了大忙。在提交向外馆借书的申请前，读者应确定书的图书编目号码或文章的引文书目。可当面到服务台或通过电子邮件递交借书申请，距离较近的图书馆 5 天可借到书，而距离远的图书馆最多两周。

在哈佛神学图书馆二楼的缩微印刷品阅览室，安装了一个闭路电视视频放大镜，帮助放大缩微印刷品的文本和其他材料以及三维物件。另外，还有数字化视频光盘和录像带浏览器。

所有这些都大大地提高了馆藏资源的使用效率，哈佛神学院图书馆因此被残疾读者誉为“学习乐园”。

里根总统图书馆：总统专机也入馆藏

在美国洛杉矶西北部的小城西米谷，坐落着以已故美国总统里根命名的里根总统图书馆，而里根的家也就在这里。里根总统图书馆距洛杉矶市区开车约一个小时左右，建在一座山丘上，面积100多公顷，四周环境优美，放眼远眺，山峦起伏，景色秀丽。图书馆的建筑很简朴，与周围的山地环境非常和谐。里根总统图书馆是美国的12座总统图书馆之一。自1938年美国总统罗斯福提议为总统建立图书馆之后，美国的卸任总统们每人都建了一座以自己名字命名的图书馆。这些带有总统个人风格的图书馆，在管理上统一由美国国家档案局承担，兼具档案馆、博物馆等多种功能，为总统家乡的民众和对他们个人感兴趣的人增加了一处参观、休闲和做学问的去处。

据介绍，里根总统图书馆已对公众开放十余年。馆内收藏了里根总统任职期间的历史文献，其中包括6 000多万页的总统文件，1 600万幅照片，4万多件文物，还有众多的纪录片和影像资料。里根任加州州长时的很多档案也收藏于此。此外，还收藏有里根任总统期间所接受的各国礼品，琳琅满目，摆满了一个大展厅。其中，包括中国领导人委托国画大师黄胄画的一幅《苍鹰图》，还有时任国家主席李先念赠送的一对石印章。几年前，美国总统专机“空军一号”的到来，使里根总统图书馆从规模到展品都上了一个档次。这架用波音707客机改装的总统专机，从尼克松开始，先后为7位美国总统服务，如今它陈列在里根图书馆专门为其修建的巨大玻璃展厅内。参观者可从机头位置登机，仔细参观总统专机的驾驶舱、总统的流动办公室、陪同官员与记者的座舱等，就连专机厨房也可一探究竟。这架“空军一号”原先停在加州的圣巴纳迪诺国际机场，后于2003年6月20日用拖车运输，经过6小时160多公里行程，运到里根总统图书馆。在图书馆大厅的南门外，是一片修剪整齐的草坪，样式设计得和白宫南草坪很相似，似乎也表达着白宫对她的前主人的怀念。草坪上有一块3米多高、1米多宽、涂画着鲜艳蝴蝶与鲜花的钢筋混凝土预制板。这是一块柏林墙的墙体，1990年4月由“柏林墙纪念集团”捐献给里根总统图书馆。沿着草坪边的小路一路前行，就可看到里根的墓地。半圆形的灰色花岗岩墓碑端庄、凝重。1991年11月4日，当图书馆对公众开放时，里根自己曾经讲过：“现在，这个图书馆向所有人敞开了大门，历史的评判将留待人民作出。”

南部区域图书馆：小图书馆也有大胸怀

在美国西维吉尼亚州的175个公共图书馆中，位于劳斯特克里克的南部区域图书馆（SAPL）是最小的，服务人口数仅有498人，但是它却在所开展的活动、她的活力、她的增长以及在社区粘合度等方面列居国内最佳。这个图书馆由精力充沛的玛丽贝思斯坦格负责管理，她花在该的时间可能是按规定一星期20小时工作时间的3倍多。

在斯坦格的领导下，这个图书馆从一个优秀的传统公共图书馆转变成一个现代的、熙熙攘攘的社区活动、信息及学习中心。而这些都是在2013年预算仅有3.5万美元、2名员工、20个志愿者和一个规模很小的理事会的条件下完成的。

SAPL的转型

SAPL的转型让评委们确信它就是美国2013年最佳小型图

书馆，同样，他们也对该馆将会在该奖项的2万美元奖金资助下会取得更大的进步而充满信心。

SAPL的短期目标就是能在周一开馆，这样每周能提供6天服务。理事们已开始了一项为升级筹措资金的计划，这项奖项的收益能让这个目标更快实施。另外一个关键目标是吸引更多的人来到SAPL的计划。

宣传活动提升了该馆在劳斯特克里克及其郊区的吸引力，斯坦格让SAPL也成为“玩转图书馆”活动的参与者之一，这是一项由OCLC资助用来提升社区图书馆意识已有数千美国图书馆参与的项目。同时，该馆也实施了它自己的“大胸怀”活动，宣传语是“南部区域图书馆，有博大胸怀的小图书馆”，SAPL每个月都会选择并帮助一个不同的慈善团体。

去年10月的第一个机会是在让当地孩子配备盒子为联合国儿童基金会募捐。在其1月份的大胸怀活动中，该馆为那些必须在收容所过生日的无家可归的孩子们制作了很多“盒子里的生日派对”礼物。

该馆为很多挂钥匙儿童提供课后零食，校车也会在图书馆的工作日在图书馆停留。零食大多是由当地家庭捐赠的健康水果和其他食品。通常情况下，会有成人抽样检验这些食品。

在该馆，儿童会得到家庭作业帮助和计算机支持。高中生可以获得包括编辑和校对学生简历及大学申请在内的必要协助。一位当地大学新生写的一篇关于是谁改变了她的生活的文章，她写的是斯坦格。

与此同时，该图书馆在该地区被称作为很多自学者提供服务和方案的“家庭学校图书馆”。此外该馆在学校非假期间还有自学者可以参加的艺术类课程和其他课程内容的辅导。该县家庭学校的地理和拼写比赛都是在该馆举行，他们利用接受捐赠的一架架书籍，帮助当地的许多有自学者的家庭。斯坦格对这一做法并不陌生，因为她孩子们就是由她自己在家中教学的，其中 3 个孩子分别成为了大学生、研究生，及科学博士生。斯坦格最小的 10 岁女儿，仍然是在家中自学。

一月时间表

斯坦格通常定期向当地媒体发布该馆的活动安排时间表。为了保持这些项目的有效运转，斯坦格招募了 20 名志愿者为为 SAPL 工作。

例如，1 月 17 日是一个卡片制作课。新的 Fiberart Addicts 小组在每月第二个和第四个星期五开会，给这些项目做指导，再做些诸如实地考察之类的慈善工作。1 月 24 日还为小学生和学龄前儿童举行了“大冬天派对”，给孩子们提供各种食品、娱乐活动、故事和游戏。

整个一月市民都可以报名参加即将开始的计算机扫盲班，主要针对初学者和中级学生，安排了两个导师，即提供一对一的指导，也有大班上课。1 月份还有许多其他的项目。

自 2010 年斯坦格被任命以来，该图书馆的用户到馆量已经从 3 094 人次增加到 7 945 人次。去年一年，项目数也由 28 个增加至 227 个。

SAPL 的预算

“薪酬及各种设备是我们预算中开支最大的两项目”，斯坦格说。“我们不能有太多变动，没有人愿意提供资助。”

哈里森县对该馆的支持金额约为 1. 1 万美元，这是依据其服务人口得来的。教育委员会支付另外 1. 1 万美元，而劳斯特克里克为该馆支付约 2 000 美元的开销，西弗吉尼亚州图书馆委员会（WVLC）从州经费中提供约 2 500 美元。加上其他来源，截止到2013 年6 月30 日，SAPL 的预算总额将不到3.5 万美元。

两名员工，一份薪水

除了斯坦格，该图书馆仅有的另一员工是威尔玛．贝内特。在斯坦格来该馆之前，她的前任是一个人独立管理图书馆，斯坦格接任后，理事会计划再增加一个人。在斯坦格面试时，她告诉理事会她不想独自一人在没有任何后援的条件下工作。

“当然，预算不允许我们聘请的两个人在 5 个开放日全部工作，所以我建议理事会聘请我工作 20 个小时，聘请我的助手工作 15 小时，我们一起完成该馆开放的 35 小时工作。”斯坦格尔说。

随后理事会聘用了一个助手，那个人因为又得到了一份教职而离开了。“我需要一个新助手，她要生活在这个社区，同时也是图书馆的读者，所以我们只在图书馆内做了广告，”斯坦格说道。她选择了贝内特，她是一位每周到馆数次且通常一次借 20 本书的忠实读者。贝内特是当地的一个高中毕业生，在她三十多岁的时候终于“事业有成”，最近她完成了帮助该馆的编目志愿者的编目培训工作。在工作一年后，贝内特被提升为儿童图书馆员，且运作包括圣诞晚会在内的所有这个图书馆儿童项目方案。

“她让我有时间去募集资金或做其他重要的事情，我不能为专门准备及展示儿童项目而每周工作这么多小时。我都想整天给威尔玛．贝内特唱赞歌。”斯坦格说。

技术授权

自从斯坦格被聘用起，为图书馆的服务和行政程序中添加新技术也是她的工作任务的一部分。首先，该馆开始了第一次通过计算机系统实现文献流通。现在，还可以利用系统迅速提醒市民归还过期文献。有少数用户抱怨他们弄丢了借书卡，斯坦格告诉他们在书内的角落用铅笔做标记，以帮助提醒他们已经读过了这本书。系统可以运行账单、逾期通知、馆际互借，北部图书馆网络中的所有图书馆可以共享书籍、运行流通统计数据和发行新卡等等。

“现在我们都共享相同的黄色卡片……在我们超过45个图书馆的网络中我们是最后一个将该系统用于流通的，但老实说，我认为现在仅有几个图书馆会使用所有的统计功能，而我们是其中之一。”斯坦格说

算上来自于Work Force和WVLC的两台新电脑，以及由立法机关资助的基金购买的桌子，现在该馆拥有计算机已达八台。他们一直都在被使用，在地处农村、收入普遍偏低的劳斯特克里克，这些计算机的使用频率非常高。

在斯坦格被聘用后的第一年里，她教授基础电脑课。第二年该馆聘请了当地精通技术的人来帮助维护和更新该馆的计算机。

斯坦格说：“今年我们需要一个新老师。”她正在找。当地的纳特基金会给该馆提供3 000美元专门用于支持技术辅导。当地一位被斯坦格称为“一位非常有鉴赏力的社区领导人”捐赠了一个有Keurig咖啡机及其他用品且能使用WiFi的咖啡馆。

在 SAPL 募集资金

斯坦格募集资金最简单的一种方法就是在流通台上放一个罐子，上面有个提示读者捐款的标识。很多读者对该馆的过期图书不罚款的政策表示惊讶。“我们希望鼓励读者去阅读，让他们不用去担心他们付不起的欠款的问题。”斯坦格说。

“很多人说，‘好，我往罐子里放些钱。’我们确定我们通过捐赠得来的钱比罚款得来的多，因为我们不罚款，我们从读者那里获得了更多的好感。”斯坦格说。

另外一种简单的募集资金方式就是该馆的日常奖品抽签。当地读者会捐赠一些新东西，通常是他们不需要或不想要的礼物。当该馆收到的新礼物超过五件时，就将它们分组展示，读者可以抽奖。参加抽奖前读者要捐赠现金或捐赠志愿服务项目和计划的时间。

“让我们的志愿者参加抽奖也是我们感谢他们为图书馆工作的一种方式，而且这种方式不用花费图书馆的基金。”斯坦格说。

与此同时，南部地区图书馆之友（FOSAL）每年会举行两个活动来为该馆募集资金。在劳斯特克里克一年一度的秋季狂欢节中组织营销图书，在那里举行的图书馆会议上设置一个销售点。像这样，斯坦格还会制作一个图书馆“认领一本书”项目所需要的成人非小说类文学作品的书名列表，他们会将这个列表放在图书馆节日树的装饰物上。读者就会为那个书名支付装饰物列出的数额。该馆会将捐赠者的名字放在每一个被认领书名的藏书标签上。

用同样的说服方法，该馆的负责人说服了理事们开展一项更需付出极大耐心的募集资金活动。她给每个成员一份安迪.

罗宾逊的“怎样从别人那里募集 500 ~ 5 000 美元：给董事会成员、志愿者和员工的 1 小时指南”。他们已经决定利用一个来自于该书的募集方法尝试募集 2 000 美元以保证该馆能在周一开放。

SAPL 的理事们在图书馆事务上一直非常积极，有很多理事会成员都在帮助解决该馆的问题。

“我们从玛丽．贝丝．斯坦格的理事会那里没有听说太多，那是我们衡量我们图书馆有多好的一种方式。”州图书馆员及秘书、在 WVLC 工作 40 年的克伦．高夫说。

高夫是掌管 WVLC 长达 25 年的传奇人物佛瑞德．格雷泽（1937 ~ 1997）聘任的第一个专业人员。佛瑞德．格雷泽曾发起将图书馆服务带到 150 多个没有图书馆的西弗吉尼亚社区。

位于罗斯特克里克的 SAPL 仅是该州从那时起不断成长壮大的数百个图书馆当中的一个。斯坦格在那里培养了她的图书馆技能，在很多老资格的人看来她具备了佛瑞德．格雷泽的精神和创造性。斯坦格获得了一项 WVLC 的“奖学金”得以参加乡村及小型图书馆协会（ARSL）2012 年会议。她在那里找到了很多灵感和数十个创意，与来自全美像这样的图书馆的员工建立了联系，分享最佳实践经验，她将很多经验带回劳斯特克里克开始应用到实践中。

“在 ARSL 她就像一串鞭炮。玛丽．贝丝．斯坦格有一个人际网络’荣誉博士’头衔，”WVLC 的项目和规划顾问梅利莎．布朗说。“当我来西弗吉尼亚时，我希望构建一个包括大多数农村和孤立的图书馆的网络。我发现玛丽贝丝已经做了那些工作。”

“我们都一致认为是负责人让这个图书馆变得如此之好，这都源于是她对社区的承诺，她对社区的了解程度，以及她通过说出“我们太小”而不愿意隐瞒自身的局限性。”高夫说。

"我认为领导一个图书馆最好的方式就是有热情地追求新创意、新项目以及新合作伙伴，"斯坦格接着说，"我们的小镇很小，仅有一个热狗店，加油站里也就只有一个卖三明治和比萨饼的地方。除了药房、两间美容店、银行、日托中心和饲料店，小镇里就没有什么像样的小生意了。尽管如此，我们的图书馆已经把我们小镇以及周边小镇的成员和组织拉到一起建了很多项目，购买书籍和其他资料，针对各类项目进行合作。"斯坦格以一种骄傲的方式总结着该图书馆的成功。

纽约公共图书馆：美国最大的公共馆

纽约公共图书馆是美国最大的公共图书馆，成立于1895年。19世纪末，纽约市只有两座对外开放的图书馆：由阿斯特遗赠40万美元建造的阿斯特图书馆，1849年正式开放；由藏书家莱努克斯建造的莱努克斯图书馆，1880年开放。1886年，知名人士蒂尔登遗赠240万美元，遗嘱要求在纽约建造一座图书馆，他的遗嘱执行人比格娄律师建议和阿斯特图书馆、莱努克斯图书馆合并，成立一个“蒂尔登、阿斯特、莱努克斯基金会”，基金会于1895年5月23日成立，纽约公共图书馆也由此成立。1901年卡内基也捐赠了520万美元，并且合并了纽约巡回图书馆。市政府承担了图书馆维护和运转费用，因此纽约公共图书馆成为政府和私人慈善机构共同合组的，以典型美国方式运营的图书馆。

纽约公共图书馆的主体是科研图书馆，位于曼哈顿第五大道40街和42街之间，门前有两个石雕卧狮，命名为“阿斯特狮”和“莱努克斯狮”，后来又俗称为“阿斯特先生”和“莱努克斯夫人”。该馆拥有各类馆藏2 000多万册，其中图书410万册，期刊2万种，手稿、地图、图片等共有1 000万件。馆藏中有英美文学名著的最早版本、知名作家的手稿及其他珍贵的古籍资料。纽约公共图书馆也是纽约市公共图书馆系统的中心研究图书馆，下辖85个分馆，分散在布朗士区、曼哈顿和斯塔滕岛，分馆主要提供文学作品和基础科研书籍，其中有4个属于特殊科研分馆：人文和社会科学图书馆、表演艺术图书馆、黑人文化图书馆和工商科学图书馆。还有三个流动图书馆。

2005年，纽约公共图书馆发布了NYPL数字图库，在线提供27.5万张图片，有美国内战时期的照片和早期的美国地图，并提供免费下载（仅供读者自己使用，不能用于商业用途）。该馆计划短期内将图片的数量增加到50万张，将包括印刷物、手稿、照片、地图、明信片、香烟纸、目录、海报等。这是纽约公共图书馆数字化进程迈出的一大步。

纽约公共图书馆体系：塑造城市文化

文化是体现一个城市内涵的重要部分，而公共图书馆服务则是城市文化中不可或缺的内容。一个城市是否拥有一个覆盖面广、构建完备、服务高效的公共图书馆体系，是衡量城市文化建设的重要标准。一个良好的图书馆服务体系，将使生活在城市里的人们感受到浓厚的文化氛围。以图书馆事业发达的纽约为例，纽约的公共图书馆体系已经成为纽约城市文化的重要组成部分，它是纽约城市文化生活中一道亮丽的风景线，在提供知识传播、教育机会、娱乐、公益服务等方面发挥着重要作用。

首先，在知识传播方面，提供信息是所有图书馆的基本功能，区别在于信息的传播范围和提供的方式。美国纽约有三大公共图书馆系统，分别是纽约公共图书馆、皇后区公共图书馆和布鲁克林公共图书馆，每个图书馆系统又有几十个分馆分布在各个社区，构成了覆盖广泛的公共图书馆体系。除了传统的图书借阅功能，纽约的各个公共图书馆从编目、检索到借阅已经全部实现数据化。来到图书馆就像来到一个信息的大集市，馆与馆之间均实现信息共享，通过电脑联网，可以在任何一个社区图书馆内检索到主馆的所有信息，包括历史文献、专业资料、热点新闻，各种信息一应俱全，并且全部免费查阅。读者想查阅任何方面的信息，都可以先到图书馆，而每一个专业图书馆员都必须熟知各种信息查询的渠道。

其次是提供社会教育的机会。纽约的公共图书馆在支持学校教育、社会教育和培训方面扮演着重要的角色。纽约的三大公共图书馆系统都有专门的教育培训部门，各个分馆也会根据所在社区居民的构成特点举办有针对性的各种职业培训。例如布鲁克林公共图书馆共有5个成人学习中心，5个学习中心负责教学的老师都是图书馆的志愿者，经过挑选和审核，并通过21小时的培训才能上岗教学。据统计，2006年度图书馆的5个学习中心总计花了50 644小时用于成人扫盲，主要提供高中文凭预科的学习和英语培训。另外，各图书馆会根据自己所在社区的学校布置的阅读作业去购买图书供学生阅读，学校则会根据图书馆的信息系统给学生布置作业。

第三是提供娱乐服务。纽约公共图书馆的图书分为非虚构和虚构两大类，所谓虚构类，就是以娱乐为主要目的的小说。图书馆的工作之一，就是按照各种畅销书排行榜，及对本社区读者的了解，为读者购买这些通俗小说，满足大众通过阅读而获得娱乐的需求。除了书刊之外，图书馆还提供大量录音带、录像带、DVD、音乐CD等娱乐产品，三大公共图书馆都有自己的放映厅和声像视听设备。各种好莱坞大片一旦上市，都可以在图书馆先睹为快。寒暑假期，各图书馆还会举办各种小型音乐会和艺术展览，给假期中的孩子和社区居民提供免费的艺术享受。

第四是提供公益服务，这也是公共图书馆服务中的重要部分。纽约的公共图书馆以政府拨款为主要运转资金，在举办公益活动方面义不容辞。他们会为新移民举办免费的英语辅导班；为英语不好的居民提供入籍考试辅导；为家里有孩子的全职妈妈们举办各种活动；为老年人成立老年活动中心，供老人们休闲。每年到了报税的时候，和邮局一样，图书馆会免费提供各种税表，还提供免费咨询和翻译服务。另外，图书馆还经常举办各族裔文化节，让来自各个国家、地区不同民族背景的移民在图书馆展示本民族的民俗风情，进行文化交流。这些公益活动受到了居民们的普遍欢迎。

可以说，纽约的公共图书馆已经远远超出查询资料和借阅读书的简单含义，对纽约的广大市民来说，图书馆等同于“职业培训和外语培训学校”，等同于“社区文化中心”，也成为纽约这个城市文化的灵魂。塑造城市文化的灵魂从公共图书馆开始，通过纽约的公共图书馆体系，我们可以发现这不止是一句口号，而是能够实现的现实。

纽约图书旅馆——亲切、温馨的阅读家园

住宿每晚200多美元，情侣套房常需排队预约——以阅读为特色的纽约图书旅馆是2000年8月开张的，位于纽约的文化聚集区——麦迪逊大道上。旅馆以图书为名的原因有两个，一是其与世界著名的大型公共图书馆和博物馆，如纽约公共图书馆和皮尔庞特·摩根博物馆等都只有数百米的距离；二是旅馆所在的建筑已有90多年的历史，外部装饰古朴典雅，与周围的学术气息相吻合。

该图书旅馆是个闹市中取静的旅馆，拥有60间各式房间，对爱书人而言，其实更像一个私人俱乐部。一走进旅馆，就会发现大厅被桃花心木的典雅书架所围绕，书架上有琳琅满目的书籍。住宿登记柜台后面的墙上，从地板到天花板，也都仿照图书馆卡片目录橱柜的样式布置。与众不同的是这家旅馆楼层及房间的命名方法，是以一般图书馆最常使用的“杜威十进分类法”的类目名称来取名的，

比如3楼命名为“社会科学类”楼层、11楼命名为“哲学类”楼层……每个楼层有6个房间，再以各小类命名，如7楼是“艺术类”楼层：001号房是“建筑”房、002号房是“绘画”房、003号房是“表演艺术”房、004号房是“摄影”房等。最受欢迎的是位于第11层的6号房间：爱情套房。房间里全部都是关于爱情的书籍。这是唯一有阳台的房间，同时也是需求量最大的房间。旅馆房间的设计皆以清淡的奶油色调为主，配上红心门饰和橱柜，室内各种信息交流设备一应俱全，高速的网络配线使客人可以随时查找资料。每个房间内也都有书柜，提供与这个房间名称相关的书籍，如“亚洲史”房间里面放置有关亚洲历史方面的书。旅馆每个房间约有25本到100本图书，若加上其他开放空间所布置的图书，全旅馆的藏书已超过6 000册。寝前服务所附送的巧克力盒包装上还会印上有关图书馆或书的名言，让客人在品尝巧克力时，也能阅读到这些名言：“天堂应该是图书馆的模样。”“假如你有一座花园和图书馆，你便拥有所需要的一切了。”在1楼的意大利餐厅，营造了幽雅的气氛，在宽阔的置酒区里，也摆放了上百本有关酒的书籍。在2楼的阅览室、4楼的写作室和12楼的会议厅内，窗明几净，坐在其中举目可见窗外41街上的车水马龙，而且随时提供咖啡、茶点服务。热爱文学的旅客可以住在8楼，那里有大量的英国文学著作。喜欢历史的旅客可以选择住在9层，在这一层，从楼道到室内，墙壁上挂满了历史人物照片或画像。在14层，有一间温室花房一般的“诗园”，布置有各式竹藤桌椅和植物，客人可在这里阅读；“诗园”外的露天阳台，刚好可以俯视到不远处的纽约公共图书馆。图书旅馆的老板卡兰是个有学问的企业家，以独立经营精致旅馆而闻名。旅馆的服务还有一个特色：工作人员能记住客人姓名，提供面对面服务时，能准确无误地叫出客人的名字，使客人有一种亲切、温馨的家庭生活感。一位旅客在旅馆的留言簿上留言说："图书旅馆给了我一切关于阅读的想象，我真想一辈子住在这里。"

塞萨查维斯图书馆：戴着“太阳帽”的图书馆

与自然融为一体

如果让建筑物戴上巨大的太阳帽，看上去会是什么样子呢？为了使地处亚利桑那州拉文市的塞萨查维斯图书馆免受沙漠阳光的严酷炙烤，线和空间建筑事务所（Line and Space）的设计人员别出心裁，为它安装了高耸的外伸屋顶。另外还采用了许多减少能源使用的可持续设计策略，以适应城市社区的发展。

塞萨查维斯图书馆占地 25 000 平方英尺（大约合 2 322.57平方米），于 2008 年竣工。藏书 140 000 册，每月接待读者 40 000 人次。除了借阅传统的图书之外，还开办了一个计算机实验室、儿童阅览室和青少年区。因设有 MP3 听音区域和计算机站，青少年区被称为“R3 区”，“R3”是 Read（阅读）、Relax（放松）和（Rejuvenate 恢复）3 个英文单词的首字母。为了满足社区居民活动和集会的需要，另外开辟了一个宽敞的公共会议区。

这个生态图书馆位于塞萨尔查韦斯公园美丽的湖泊旁边，设计人员根据当地的有利条件，使这新图书馆傍湖而建，整体建筑呈弯曲形状，与美丽的湖光山色巧妙结合。他们充分利用图书馆外的护堤与湖泊之间形成的狭道来调节温度和降低噪声，营造出舒适惬意的环境。假设把这个湖当做社区的“后院”，那么图书馆就像一个“大客厅”，任何人都能来这里休息、阅读、学习和玩耍。

要减少太阳能吸热，选择被动式太阳能设计和正确的建筑物方位是关键的设计策略。被动式太阳能设计主要指被动式太阳房设计，最基本的工作机理是所谓“温室效应”。被动式太阳房的外围护结构应具有较大的热阻，室内要有足够的像砖石和混凝土一类的重质材料，以保持房屋有良好的蓄热性能。按照采集太阳能的方式，被动太阳房分直接受益式、集热蓄热墙式、附加阳光间式和屋顶池式 4 种。

塞萨查维斯图书馆的南北外立面开有许多窗户，可以让大量的自然光线渗入，达到天然采光的标准，与此同时翼状屋顶向外延伸，可以使馆舍免受烈日的暴晒。为了将白天的酷热挡之墙外，西外立面没有开窗。来自建筑物内的空气定向排往庭院旁边一个指定的地方，被重复用来调和小气候。为了进一步减少能源的使用，安装了专门节能机械系统和自动化能源管理系统。出于容易维修保养、坚固耐用、适应当地环境和易于回收的考虑，塞萨查维斯图书馆选用了混凝土砌体、钢铁和铝材一类的建材。下雨时落在房顶的雨水全部收收集起来，足够用于全年馆舍的冲洗和花木的浇灌。

秉承节能环保理念

塞萨查维斯图书馆把节能环保作为设计的主线，具体表现在两个方面：一是将建筑融入自然，把建筑纳入与环境相通的循环体系，更加经济有效地利用资源，使建筑成为生态系统的一部分。尽量减少对自然景观和山石水体的破坏；二是将自然引入建筑，运用高科技的生态技术，将植被和水体等自然景观引入建筑内部，力求在建筑中再现自然。

正因为如此，塞萨查维斯图书馆被美国建筑师学会（The American Institute of Architects）授予 2008 年 10 大绿色项目（COTE）。评委会在颁奖词中写道："为了使室内外的空间免受太阳照射，这个建筑用宽大的悬梁创造了一个沙漠中的'帽子'。由于当地水资源匮乏，屋顶处设计了雨水收集系统以用于灌溉，室内则安置了节水设备。通常沙漠中关注的问题之一是占用大量的土地，这个建筑在选址之初已经对占地面积进行了削减，而挖掘出来的材料被用来建设成护堤以抵挡热量。窗户也作了适当的遮阴处理，以阻挡阳光的照射。"

获此殊荣的还有耶鲁大学雕塑大楼和美术馆（康涅狄格州纽黑文市）、后植物园游客和管理中心（纽约）、纽那瓦学校山坡学习中心（加利福尼亚希尔斯伯勒）、麦卡伦公寓楼（波士顿）、拉文－伯尼克中心（新奥尔良）、韦斯顿剑桥学院加思韦特科学艺术中心（波士顿）、环境教育中心（宾夕法尼亚州丁曼斯费里市）、南湖联盟探索中心（西雅图）和奥尔多·利奥波德遗产中心（威斯康星州巴拉布市）。美国建筑师协会说，这些获胜的项目为"改善社区的居住条件和减少对环境的不利影响做出了积极的贡献"。

绿色建筑的概念源自 20 世纪 60 年代，由美籍意大利建筑师保罗·索里利（Paolo Soleri）将生态学和建筑学合并而首次提出，因此又被称为生态建筑或可持续性建筑。进入 21 世纪以后，可持续发展的思想深入人心，绿色建筑的设计理念也在世界建筑领域成为热点。绿色建筑的出现，标志着建筑已被视为生态循环系统的有机组成部分。

绿色建筑的“绿色”，并不是指一般意义的立体绿化或屋顶花园，而是代表一种概念或象征。是对环境无害、能充分利用环境自然资源、并且在不破坏环境基本生态平衡条件下建造的一种建筑，又可称为可持续发展建筑、生态建筑、回归大自然建筑、节能环保建筑等。绿色建筑的室内布局十分合理，尽量减少使用合成材料，充分利用阳光，节省能源，为居住者创造一种接近自然的感觉。以人、建筑和自然环境的协调发展为目标，在利用天然条件和人工手段创造良好健康的居住环境的同时，尽可能地控制和减少对自然环境的使用和破坏，充分体现向大自然的索取和回报之间的平衡。

塞萨查维斯图书馆也是美国《图书馆杂志》（Library Journal）评选出的 2011 年 10 个“新地标图书馆”。评选的标准极为严格，从整体设计与建筑优越性、周边关联与约束条件的回应性、可持续性、功能性、创新性和美悦性进行考核。趋势看点包括 9 个方面，分别是强调绿色建筑、放和延伸性、一站式服务、自助服务、合作模式、互动式服务、通透性 、底线伦理（即强调极简）和扩展社会功能。

塞萨查维斯图书馆还获得 LEED 标准中的“银级认证”，LEED 标准是由美国绿色建筑协会（U. S. Green Building Council）建立并推行的《绿色建筑评估体系》（Leadership in Energy & Environmental Design Building Rating System），国际上简称 LEED 标准。“银级认证”指达到次高标准。

外国记者眼中的芝加哥公共图书馆

尤里·弗罗洛夫是俄罗斯《科学与生活》的记者，因工作之需长期穿梭于美国各个图书馆。在美期间，他的目光没有投向没有美国庞大的图书馆系统，而是根据自己的所见所闻撰写了一段段图林轶事。下面就是他写的关于美国芝加哥公共图书馆的几个片段，我们辑录与此，以飨读者。

劫难重生

一把大火把图书馆化为灰烬已经不是新闻。1871 年，芝加哥发生了一场震惊世界的大火。传说因为持久的干旱，木结构房屋干透了，工人挤奶时，奶牛一脚踢翻烛台，蜡烛掉到禾秸堆上，于是大火蔓延了整个城市。但现代历史学家推翻了这种说法，说火源来自燃烧起来的炉灶。当时的英国女王维多利亚获悉后叹息："唉，芝加哥人没有图书馆了！"她于是一声令下向全国募捐图书，帮助芝加哥建立一个免费的公共图书馆。

约八千册图书填补了烧成纸灰的馆藏，也由此促成了芝加哥公共图书馆系统的建立。

芝加哥人很愧疚，因为芝加哥原本没有公共图书馆，付之一炬又从何谈起？大火之前芝加哥只有二三个小型私人图书室，其主人把个人藏书提供给大家进行免费阅读。大不列颠赠送的“礼物”存放在市中心幸免于火灾的水塔里，阅览室安排在水塔砖砌的塔基处，公共图书馆由此初具规模。由于藏书量和读者量的不断增长，图书馆几次动迁，搬到更适于安置图书馆的地方，甚至为此大兴土木。1991 年，9 层大楼的新馆建成开放了。芝加哥公共图书馆现名“哈罗德·华盛顿图书馆中心”，以此纪念芝加哥第一位黑人市长。哈罗德·华盛顿在任期间为这座城市文化提升作出了突出贡献。

21 世纪初，芝加哥有近四十个图书馆，有新建的、也有改建的。经常访问图书馆的人不是“两耳不闻窗外事，一心只读圣贤书”的书呆子，他们有强烈的公民意识与责任，一旦遇到非正常事情会即刻报警或给市政府打电话。

办理图书证

下面是图书馆员和读者的对话。

“我想办理图书证。”

“请出示您的有效证件，驾驶证也可以。咦，您是威斯康星人！请原谅，我们只为本社区的居民办理图书证。”

“我是这个社区的居民，刚刚搬来，还没有来得及注册。”

“嗯，任何证件证明都可以，只要上面注明了您的新住址。写有您住址的信件也可以，如果邮戳清楚的话。”

读者起身出去。打开汽车后备箱，翻出来一个破损的信封，里面装着一张小孩庆生时玩具店寄来的贺卡。在美国图书馆办理图书证就这么简便，只要出示身份证明和地址证明，无须押金和其他费用。所有人，包括小孩，甚至牙牙学语还不懂阅读的幼童，只要家长领来就可以办理阅览证。图书馆引以为豪的是庞大的读者群，图书馆经费取决于读者量、图书流通量。

自助图书馆

在家里利用互联网检索图书馆图书目录信息，记录图书分类号之后，依照分类号在图书馆找书便显得轻而易举。如果图书处于借出状态，书目信息会显示归还日期，这是借书时常用的一种方法。

芝加哥的许多图书馆都安装了自助借还机。在激光器红色射线前出示借阅证，把书放在书桌上，仪器校读图书数据和图书封面上的图例并将其记录到读者电子卡中。到还书日期时，电子邮箱会自动发出信件通知读者。读者逾期还书要支付罚金，每本书一天 15 美分。

把书还到任何一个图书馆都可以。当图书馆闭馆时，图书馆外墙或大楼旁边的台座上有一个翻盖的还书箱，外观像垃圾道，但比垃圾道宽，把书放进去并关好盖子，书会滑落下去。有时候在馆外摆放还书箱，两个还书箱，一个还书，一个还光盘。也有三个还书箱的时候，另一个是专为儿童读物设置的，工作人员不必辛苦再次分拣。也有图书馆安装了高科技还书箱，屏幕提示“请将书的条码放在下面”，图书电子卡会自动注销该书记录。每位读者的借还书信息，图书馆中心数据库都有详细记录。

特殊读者的“特殊需要”

特殊读者特指残障人，包括视力残障。图书馆为行动困难的读者准备了电轮椅。即使馆舍只有两层楼，馆内也会安装电梯，楼层较高的图书馆一般都会安装自动扶梯。

图书馆为弱视读者订购了大字体的图书。部分普及型读物在出版普通版本的同时，会特意出版大字体和大开本图书。活动阅览桌上放置有放大镜，有的图书馆还安装了放大阅读器，把书放在电视摄像机镜头下，视频滚动放大读物的字体。也有图书馆设置了阅读机，读物正面放在玻璃面上，像静电复印机，阅读机通过双耳机为读者朗读。“朗读”分男声和女声，读者自由选择。一般阅读机的体积和洗衣机差不多，据说市面上已经售有便携式阅读机了。每个图书馆都有 CD 视听设备进行外借，不仅弱视读者经常借阅，许多普通读者也喜欢借阅以备乘公共汽车时用来“听书”。

阅读以外的活动

图书馆也是文化中心，美国每个图书馆一年内都要进行上百场次的活动。芝加哥公共图书馆经常举办音乐会，定期举办展览，展览内容多为芝加哥历史。小型图书馆会组织剧团演出戏剧，但演员阵容不大，场景简单。

图书馆大都设有读者阅读俱乐部。俱乐部成员商议读哪本书，图书馆为他们购买大量的复本，阅读后进行讨论。有的读者竟然为此回归学校学习过讨论辩论技巧，其表述个人观点的方式方法颇为专业，说起话来头头是道。小读者阅读一定数量的图书就能得到类似圆珠笔或比萨饼优惠券的奖励。为了防止小读者撒谎，组织者会要求他们简短地讲述书中的内容。

图书交换活动。读者把个人阅读过的、无需保留的图书和期刊集中放到图书馆阅览室出口的某个地方，图书馆注销的图书和期刊也放到那里，图书馆因为馆舍受限，期刊只保存2～3年。读者若有所需可以无偿取走，自己没有没有拿来书刊进行交换也无所谓。

读者用过的、图书馆注销的图书和期刊也常用于销售。再厚的图书也卖1美元，简装书50美分，期刊50美分。廉价销售的还有不再流行的音乐激光唱片、盒式录像带、家庭音像资料等。读者认为把文献资料捐给图书馆是一项善举。

政治人物与娱乐明星

《死魂灵》一书被分到非小说类目并标引：18世纪俄罗斯日常生活。记者出于好奇在一个图书馆馆藏目录中发现：有关列夫·托尔斯泰的藏书有16本，包括其妻子日记，他本人自传，还有有关侨居在美国亚历山大·托尔斯泰的书籍、有关马克·吐温的藏书有28本、列宁的藏书有15本、斯大林的藏书有15本……大人物的藏书量远不及戴安娜、迈克尔·杰克逊。

小布什总统图书馆：美国第二大总统图书馆

美国历史上规模第二大的总统图书馆——乔治·W·布什总统中心（George W. Bush Presidential Center，即小布什总统图书馆），于2013年4月25日在德克萨斯州达拉斯市举行了隆重的落成典礼。包括奥巴马、卡特、老布什、克林顿和小布什在内的五位美国现任和前任总统4年零3个月来首度聚首，祝贺图书馆落成。

小布什总统图书馆位于德克萨斯州达拉斯市的南方卫理公会大学内，占地9.3万平方米，投资2.5亿美元。这是美国第13个总统图书馆，也是德克萨斯州第三个总统图书馆。馆内收集了大约七千万页纸本资料、43 000件文物（展品）、400万幅照片和海量的电子资源，其中电子邮件就有两亿多封。小布什总统图书馆于5月1日正式开馆，预计每年可吸引35至50万人次参观者。该馆包括总统图书馆、纪念馆以及政策研究中心。纪念馆的陈列由一片亮色调的区域开始，这象征着小布什总统上任初期的对内政策。但以“9.11”事件为节点，气氛急转直下，阴郁黑暗成为房间布置的主题，隐喻着小布什上任八个月之后政策方向的突然转变。除此以外，图书馆还采用新闻剪辑、交互式触摸屏幕等多种手段记录下小布什任期内诸如佛罗里达州重新计票事件、阿富汗战争、伊拉克战争、卡特琳娜飓风等重大事件。图书馆还利用珍贵的新闻剪报、互动视频、历史物品等记录了席卷全球的金融风暴等历史事件，总结了小布什的从政之路。此外，小布什的白宫生活也成为展览内容之一，包括昔日的白宫“第一狗”巴尼，以及一座可以通往玫瑰花园的总统椭圆形办公室复制品，中心内甚至提供了一个15英亩（约合六公顷）的公园以再现布什老家——德州农场。

这场落成典礼，促成了美国五位在世总统继2009年1月在华盛顿相聚以来的第一次聚首，上一次小布什数日内即将卸任，而奥巴马则是宣誓就职。落成典礼当天，米歇尔·奥巴马和四位前第一夫人组成的“第一夫人俱乐部”也一同出现在这个阳光明媚的户外仪式上。参加典礼的还有美国前副总统切尼、前国务卿赖斯，以及英国前首相布莱尔等前政要。美国这五位前任、现任总统被媒体形容为“世界上最独特的精英俱乐部”，但奥巴马认为他们更像是“一个互相支持的小组”。“作为总统首先是一个卑微的工作，”奥巴马说，有时他们会犯错，希望时光能够倒转，但“我们都热爱这个国家，并付出了最大的努力。”“当你了解乔治·布什后，你就会喜欢上他。”奥巴马称赞其前任在“9.11”恐怖袭击后表现出的力量和决心，并称，如果国会通过移民政策改革，很大程度上要归功于小布什在总统任期内的辛勤工作。

而在之前，小布什总统图书馆的建造还引起了一些争论。据媒体报道，当时选定在南方卫理公会大学建设这座图书馆后，有不少人表示反对，他们认为建立这样的图书馆只会为小布什美化他本不必要发动的伊拉克战争。退休教授威廉·麦克艾尔文就是其中之一。他在接受采访的时候毫不保留地批评说，人们担心的是，这个总统图书馆将会延续布什政府的那一套理论，而这些观念“已经令美国民众对立为立场鲜明的两派”。此前，麦克艾尔文还曾与其他学者一起撰文，在校刊上发表了一篇名为《乔治·W·布什：资产还是负担》的文章批评布什政府的政策。不过，也有一些人对建造图书馆表示赞成。一名政治系教授认为，学校将会因此而提升到一个新的高度。大学董事会董事布恩也表示，绝大多数学校师生是赞成这项计划的。布恩称，对学校来说，总统图书馆选择在此处建立是一件非常荣耀的事情，这将会为学校注入更多的理念。虽然布什并非南方卫理公会大学的毕业生，但是他与这个学校却颇有缘分。他的夫人劳拉·布什本科是在这里就读的，也正是这段时间的学习奠定了劳拉对于图书管理学的兴趣，在劳拉的母校建立一个图书馆对于美国的这对前“第一夫妇”而言有着非同一般的含义。此外，布什原来的幕僚中也有不少人毕业于此，包括之前的总统顾问休斯和白宫法律顾问米尔斯等，就连前副总统切尼也曾经在这所学校的董事会里担任过职务。

美国总统卸任后通常会建造个人图书馆（总统图书馆）。总统图书馆是一类特殊的档案机构，集档案馆、图书馆、博物馆和纪念馆功能于一体，主要服务于政府官员、学者和普通公民。卸任后，小布什选择远离政治，专心投入个人图书馆的建设。闲暇时间，他参与慈善项目，有时靠打高尔夫和骑山地自行车来放松自己，甚至拿起画笔作画。据了解，小布什总统图书馆的建造开支来自私人捐款。

亚当斯纪念图书馆：因陷于困境而被拯救

美国金融危机席卷全美并波及世界。为了避免在这场注定要失败的持久战中破产，罗德岛州的森特勒尔福尔斯市决定撤销部分市政机关和文化单位，其中包括亚当斯纪念图书馆（the Adams Memorial Library）。今年7月，森特勒尔福尔斯市政府决定关闭这座拥有百年历史的图书馆，6名工作人员失去了工作。这幢漂亮的希腊复兴式建筑此后黯然失色，图书堆积，视频关闭，电脑闲置。市民们无法利用遍及全州的图书馆网络系统，只能从其他城镇的图书馆借阅图书。

人们怨声载道，强烈要求撤销上述错误决定。有识之士积极出谋献策，四处奔走，以便让亚当斯纪念图书馆能够重新开放并正常运转。问题的关键虽然在于图书馆的管理经费由市府拨款，但它却是私人托拉斯拥有。抓住这点，托拉斯董事会利用图书馆被强行关闭的时间对古旧的馆舍进行修缮，并且安装了仅供森特勒尔福尔斯市使用的借书卡系统。

经过一个月的准备，亚当斯纪念图书馆终于在 8 月 1 日重新接待读者，前门挂有“欢迎来到你的图书馆”的横幅。虽然开放的时间有限，只安排在周一、周三和周五，但却深受市民们的欢迎。资料阅览室和借书服务台由志愿者轮流值班，他们当中有托拉斯董事会的董事长杰劳尔德·亚当斯和董事会成员、图书馆前馆长托马斯·沙纳汉。

68 岁的沙纳汉，蓄着大胡子，从 1989 年到 2004 年负责图书馆的管理工作，后因政治纷争辞职。在经济贫困、多种族的森特勒尔福尔斯市，似乎政治风波不断。他是本地人，在与图书馆相隔几个街区的一个“大杂院”里长大，里面有单元住宅、公寓，父亲的酒吧和鸡尾酒餐厅。他幽默地说：“把这个‘跳跃的接合点’描绘成‘疯人院’，一点也不为过。”

“岁月流逝，时过境迁。当年的酒吧和鸡尾酒餐厅已不见踪影，三位一体的天主教教堂和小时候我读书的教区学校也不复存在了。”在从几个正在上网的读者旁边走过时，沙纳汉自豪地说，“图书馆饱经历史沧桑，仍然耸立在这里。”

在沙纳汉的头上，是建筑物恢宏的圆顶，1991 年修复之前成了松鼠的“天堂”。下面的地下室别有一番天地，罗斯·麦考密克纪念礼堂引人注目，以亚当斯纪念图书馆备受尊敬的图书馆员罗斯·麦考密克的名字命名，现作为各个团体的聚会场所之用。礼堂周围的墙壁上挂着曾定居在森特勒尔福尔斯的法裔加拿大画家洛伦佐·德纳韦尔的作品，其中画有美国总统富兰克林·罗斯福和德怀特·艾森豪威尔的肖像。

在开放日，有许多市民光顾亚当斯纪念图书馆，青少年更是趋之若鹜，可见对这座城市的重要性。然而图书馆的未来仍然不明朗，难以确定。有一项建议是要求分地区化服务，把特勒尔福尔斯市的读者划到波塔基特图书馆（The Pawtucket Library），而亚当斯纪念图书馆没有具体的任务。换言之，特勒尔福尔斯市势必失去一些自主权。对于这种四平八稳的观点，响应者寥寥无几。

托拉斯董事会董事长亚当斯更喜欢具有创新性的计划，主张把国家补助、基金会的赠款和托拉斯的捐助凑合在一起，用来支付少量图书馆工作人员的工资，恢复遍及全州的图书馆网络系统。他还提出，为了节省开支，可考虑借用本市学校图书馆的工作人员，请他们一周来亚当斯纪念图书馆上一次班。

身材高大的亚当斯虽然年过四十，但满脸孩子气，是一位做翻新和销售旧楼生意的企业家。他指出："亚当斯纪念图书馆陷于困境的消息牵动市民的心，捐款者日渐增多，款项少的10美元，多的是一位匿名客户从银行开出的1万美元支票。我给他们写了信，一一表示感谢。"最近，亚当斯托拉斯又为亚当斯纪念图书馆举行了一次募款活动。

盐湖城图书馆：富于创新

盐湖城是美国犹他州的首府和最大的城市，耶稣基督后期圣徒教会（摩门教）发源地。它名列美国西部内陆城市的第三位，仅次于丹佛和菲尼克斯，以紧靠大盐湖而得名。盐湖城被誉为“西方的十字路口”，享有瓦萨奇山及大盐湖的美景。

设计别具匠心

盐湖城公共图书馆是一座令人瞩目的现代建筑，以全新的方式进一步确立了图书馆在城市中的重要地位。不仅仅是一座公共图书馆，更像一个巨大的室内公共空间，因此人们有时将其称作“广场”。这座全新的建筑于 2003 年落成开放，2004 年获美国建筑师协会荣誉奖，2005 年赢得美国建筑师协会和美国图书馆协会联合颁发的两年一度的“图书馆建筑奖”。

盐湖城公共图书馆是加拿大籍以色列裔建筑师莫瑟·萨夫

迪（Moshe Safdie）继温哥华图书馆之后又一个举世闻名的建筑，为公共活动空间一向匮乏的盐湖城提供一个文体综合体。萨夫迪于1938年7月14日出生于以色列海法，早年在以色列完成了他的基础教育，于1955年迁居加拿大，毕业于蒙特利尔的麦吉尔（McGill）大学建筑学院。他的论文内容是关于三维模型的建造系统，刊登在荷兰出版的杂志学报，随后在H. P. D. Van Ginkel事务所工作，主要投注于大尺度的都市设计。1962－1963年进入美国费城进入建筑师路易斯康（Louis Kahn）的事务所。后来，在蒙特利尔、耶路撒冷和波士顿三地开设了自己的建筑师事务所。

萨夫迪的设计作品涵盖博物馆、图书馆、艺术中心，政府设施、机场在内的多个种类，其中的许多作品已经成为所在城市的标志，象征着那个城市的灵魂。萨夫迪最出名的作品是1967年为蒙特利尔世博会设计的生境馆（Habitat’67），具有特异的空间设计和复杂的美学形态。每一套住宅成盒子形状，搭积木似的将其拼凑在一起。

盐湖城公共图书馆建在市政厅对面的一个街区里，为盐湖城市中心创造出向来缺乏的公共活动空间，包括一座5层的三角形主建筑，容纳了书库、阅览场所、一栋相连的矩形邻近行政管理区和一个由玻璃覆盖的“城市之室”。所有的建筑都被一片弧形的墙面所围合。墙面逐渐降低向广场延伸，形成了连续的室外楼梯，将参观者从广场一直引导向屋顶花园和公共广场。有一面的玻璃幕墙形成一个月牙形，保证了馆内充足的采光。这个月牙形的斜墙设计成为城市的一个重要标志，“城市之室”面向广场方向，墙面内沿墙排布了商店、餐厅、会议室和一个报告厅。弧形阅览区占据了零售区上方的4层空间，并且通过天桥与主藏书库相连。图书馆的顶楼还设有一个空中花园，花园的一端连接长廊，并回旋到地面。人们走上屋顶花园，能把城市和周围瓦萨奇山的壮观风景尽收眼底。盐湖城公共图书馆既保证了阅读者隐秘的私人空间，又把阅读和外部美丽的景色有机地联系起来。

功能齐全实用

盐湖城公共图书馆为盐湖城提供了一个重要的当代地理标志，“城市之室”设计独特，富有创意，给人们带来了活力和喜悦，为未来各处的城市图书馆提供崭新的设计理念。另一个很重要的创新是采用“读者社区”式的设计，用别具一格的“阅读廊”把传统正式的阅览室取而代之。说这座建筑是一个巨大的室内公共空间，一点也没有夸大其词。除了拥有阅览区和公共服务机构之外，还建有一个天台花园。一个玻璃顶盖的弧形走廊环绕藏书区，从藏书区通过廊桥，可以到达对面较远处的“阅读廊”。

馆舍的功能设置非常实用，从书本的传送处理、整体环境的照明到办公室功能区的使用等方面都相当不错。与此同时，盐湖城图书馆具备了商店、广场和天台花园等休闲生活的硬件条件，使它在当地居民的心目中成为一个理想的公共活动场所。盐湖城市内的人口有 20 多万，大都市区人口超过百万。盐湖城公共图书馆系统除中心图书馆外，全城总共有 32 个分馆，几乎遍及盐湖城的各个地区。读者可以从任何一个图书馆里借书，然后再看自己的方便，在任何一个分馆还书。

在美国的每一个图书馆里，都开设有儿童专区。盐湖城公共图书馆也不例外，在中心馆和每个分馆都设有专门的儿童阅览区域，为本社区的儿童小读者服务。这个区域位于馆内最引人注目的位置。墙面和地毯五颜六色，多彩多姿，书架上摆放着小抱枕和绒毛娃娃等的玩具。书架上的图书按照年龄特点排列，从幼儿到青春期少年，应有尽有。各式各样的儿童图书、录音带、录像带、DVD、CD 等琳琅满目，摆满了整座楼。

为了照顾到儿童们的身体发育情况，除了配备有数量很少的低矮桌椅之外，绝大部分“座位”都是地毯。沙发有不同的造型，其中波浪形状的深受孩子们的喜爱，另外还摆放有休闲摇椅。从整体上看，儿童专区像一个小小的儿童乐园。美国出版的少儿图书贴近孩子的心理特点，生动有趣，令儿童们百看不厌。孩子们看书的样子千姿百态，或坐着念，或卧倒来看，或边爬行边读书。另外还有专门给小朋友们使用的计算机区，孩子们可以在这里上网、用游戏光盘玩游戏、看 DVD，不过有严格规定，每次的使用时间不得超过 30 分钟。

为了帮助孩子们解答疑难问题，“儿童专区”还有前来志愿服务的老太太。她们热情洋溢、知识渊博，并且分文不取，深受孩子们的欢迎。

芝加哥读写图书馆：收藏大众化印刷资料的“草根”图书馆

2012年11月5日下午，一群志愿者正在美国芝加哥市的洪堡公园为他们读写图书馆的新家忙碌地做最后的收尾工作。对于芝加哥这个大众化印刷资料馆藏最多的“草根”图书馆来说，这是第6次搬家。

“在经历了所有的痛苦和磨难之后，我们终于如愿以偿，有了立足之地。”读写图书馆常务董事内尔·泰勒女士感叹道。自从2006年开办以来，它就像一个长期“难民”，到处“流浪”，在几经辗转后好不容易于11月11日正式重新开放。指着静静耸立在加利福尼亚大道上一座有百年历史的黄色砖砌两层楼房，泰勒女士高兴地说，她深信读写图书馆终于找到了一个安全的“避风港”。

2011年，泰勒女士认为图书馆需要一个新名字，以便更加准确地体现出服务社区和联系社会底层的使命，于是原来的芝加哥地下图书馆变成了现在的芝加哥读写图书馆。完全靠捐赠资助，由志愿者经营管理。芝加哥读写图书馆摒弃了传统的馆藏选择，采用一种全新的管理模式，广泛收集芝加哥地区各种类型和所有流派的书籍、杂志、科幻小说、期刊，阔幅说明书、报纸、美术书和其他印刷品。无论是大学出版社的图书报刊，还是艺术家的手绘作品，甚至连 13 岁孩子创办的科幻小说杂志，都统统加以收集。对这种不同于一般图书馆的做法，泰勒女士解释道："我们希望能向平民百姓展示更加丰富多彩的图书世界，开拓人们的视野，尽量满足各类读者的需求，所以馆藏中有'阳春白雪'，但更多的是'下里巴人'。"

走进芝加哥读写图书馆，只见紧凑的空间摆着几张长桌，使人们想起这幢房子过去曾作过街道酒吧之用。桌上摆放着散落的各种书籍，令人眼花缭乱。页面泛黄的《人民教堂妇女俱乐部最喜爱的食谱》散发出温文尔雅气息，和克林顿时代芝加哥大学学生编辑而成的文学小册子《内部运动》并排放着。随处都能见到志愿者忙碌的身影，有的整理图书，有的向读者介绍图书，有的在办登记借阅手续。

收集工作最早开始于泰勒女士为做一个关于大学研究的项目而请求朋友捐赠本地的图书资料，然后堆积在她的公寓里。她说，芝加哥读写图书馆发展到现在，已经成为全美唯一的以基层为导向的图书馆，储藏着来自整个城市的各种各样的印刷品。

在参观了芝加哥读写图书馆后，哥伦比亚大学兼职文学教授埃伦·韦迪表示："我们更倾向于与熟悉的人待在自己的社区街道里，但是芝加哥读写图书馆跨越了这些界限，从传统的羁绊中挣脱出来不失为一件好事。"

多年来，芝加哥读写图书馆的馆址几度搬迁，泰勒女士公寓、埃文代尔咖啡厅、西环美术馆、洛根广场的一家店面、莱克维尔市圣彼得圣公会教堂的剧院都留下了它的踪迹。一年冬天，暴风雪砸破了教堂剧院的百年老窗户，纷飞的大雪涌进房间，致使图书馆 1/4 的馆藏被埋在雪堆里。泰勒女士立即领着志愿者小心翼翼地从雪中挖掘出小册子和期刊，将其挂起来晾干。图书馆无奈从教堂剧院里搬了出来，再次变得“无家可归”。直到今年早些时候，泰勒女士才在洪堡公园发现了一幢破旧的楼房。房主杰夫·威尔逊说渴望翻修自己的楼房，一方面以确保抵押贷款再融资，另一方面还因为他支持读写图书馆。

泰勒女士的雄心壮志不仅仅是想把芝加哥被遗忘的小人物的作品和作者自己出版的论文完整地保存下来，而且还要将本地作家如何相互影响的情况以及他们发表作品的地方一一记录存档。芝加哥读写图书馆计划以数字形式重建芝加哥的文化景观，为当地文化的发展作贡献。

欧洲各国国家图书馆服务一体化发展进程

欧洲作为世界经济、文化最发达的地区，在政治、经济上已趋于实现一体化。由于包括了众多国家及其国家图书馆，使用着多种语言、文字和技术服务，欧洲各国国家图书馆间的文献提供和资源共享存在着一些障碍，为此，前些年由欧洲主要国家图书馆发起建立了欧洲图书馆计划。主要目的是探索建立一个全新泛欧洲图书馆服务的可行性和技术方案，最终是统合欧洲各国国家图书馆的资源，统一对外提供各种服务。该计划作为信息技术研究项目在文化遗产方面应用的相应标准，得到了欧洲委员会的资金支持。参加的国家有芬兰、德国、意大利、荷兰、葡萄牙、斯洛文尼亚、瑞士、英国的国家图书馆以及意大利全国联合编目中心，项目研究历时一年半。参与的国家对此充满信心，认为在现有所做工作的基础上建立一个称作为“欧洲图书馆”的计划是可行的。日常工作有一个工作小组管理，负责管理、营销、网站、端口维护以及为参与馆提供技术支持。各馆以两种方式参与到项目计划中来：一是提供该馆基本信息和服务，二是提供元数据和综合全面检索手段，其中期目标是将所有欧洲国家图书馆发展成为全面的合作伙伴。

该项计划要达到的主要目的：研究就全欧洲数字资源的供应与出版商可能达成的协议；在各欧洲国家图书馆间就服务需求和各图书馆都可以接受的开发、管理和资金支持模式达成一个共识；开发各国家图书馆在提供服务都可以使用的元数据表以及能够按要求改进数据表的元数据环境；检测利用现有国家图书馆 Z39.50 端口实现组合存取服务的技术环境，和对来自不同国家图书馆数据库的主要索引的数据采集。

欧洲图书馆服务性质

欧洲图书馆的服务将作为各欧洲国家图书馆统合资源集成存取的一个端口。将提供免费的数字和非数字资源的检索，并免费或收费地提供数字形式文献传递。整个项目是一种非集中管理的方式，各国家图书馆通过提供各自的服务参与其中，通过连接的翻译服务实现多语种界面，将建立一个语言工作组用于多语种检索开发研究，依托现有各自馆藏和不断增加的内容服务也将不断增长。

欧洲图书馆计划的独特之处在于：将各自不同的馆藏集合于一个桌面并可以在不同馆藏间检索；呈现综合结果并实现数字化传递；能完成其他方式不能实现的检索；对现有馆藏资源广泛的使用和实现大量的虚拟馆藏的开发方面会作出重大贡献。

欧洲图书馆计划作为一个综合的服务平台，将为检索和存取欧洲国家图书馆馆藏提供服务和支持，实现基于共享基础设施的新型服务关系。目标是在世界范围内为读者建立一个强有力和便捷地了解欧洲文化资源的方式，利用其丰富的学科虚拟资源吸引众多研究人员，并为任何对欧洲文化资源有兴趣的人提供简单获取手段。

技术方案

该项计划一开始就呈现各参与馆不同数据类型的存取状况，有些馆通过 Z39.50 协议提供书目数据检索，有些则不能。此外，不是全部国家图书馆馆藏提供 OPAC 服务。因此，首要工作是找到一个共享所有馆藏资源元数据和集成检索的方案。目前，已建立两个检测平台，一个用于 Z39.50 协议，一个是非 Z39.50 协议，这是以扩展标识语言作为记录结构。前者已提供所有必要的检索和回溯功能；后者还缺乏必要的检索功能，是通过对扩展标识语言元数据建立索引和提供一个检索界面来实现上述功能。

在决定该计划中使用何种检索协议时，国际上下一代 Z39.50 协议已开发出新的网络检索协议，是基于网络环境的检索协议，目的是在不同网络资源间实现集成存取，并通过提供一个通用平台提高分布式数据库间的互用性，其姊妹协议是网络资源检索回溯统一定位器协议，其中设置有关检索参数。目前作为网络浏览器中的简单处理工具，即单一目标存取协议，基于此原因被非 Z39.50 协议平台所采用。该计划的另外一项技术工作是将这些不同的信息渠道的资源统一到某一个端口，使用这种端口将使用户都可以访问所有参与馆数据库和服务器上的信息和服务。为此他们给 9 个端口软件供应商提出了详尽的端口需求列表，希望这种专门的端口软件能满足最终不同馆的服务需求。但没有一个供应商的方案能完全满足这些要求，这当中有成本太高和实施效果有关，最终项目的参与馆需要为这些分布和集中的资源寻找替代的解决方案。

与此同时有关用户组成的网络协议的测试已取得重大改进，从简单的检测到被证明是快速和稳定的统一检索回溯界面。可以实现在 Z39.50 协议与统一检索回溯的开放码源间的转换，各馆的服务以此模式为基础，参与馆之间的路径既有集中式也可以是分布式的，而 Z39.50 协议中心网关是独立的。

欧洲图书馆计划的目的是建立一个各欧洲国家图书馆馆藏和目录的集中检索平台，是将对馆藏编码的描述作为中心数据库元数据纪录来实现的。各参与馆可以通过添加新记录的方式将其新的馆藏和目录合并到欧洲图书馆的馆藏和目录中，馆藏描述中包含了可识别不同馆藏和目录结构的数据，因此，对于一个用户可以通过搜索或设定一个特殊的馆藏描述条件来调用新的检索方式，同时也可在所选的不同馆藏和目录中交叉完成，现有的服务接口是以数据为驱动的。其检索结果是可扩展标记语言代码的通用格式，用于为用户转换馆藏级的描述和目标记录，可扩展标记语言是由可扩展设计语言修改得到超文本链接标识语言，为用户界面提供了一些 Java 描述语言的功能。这些功能包括选择馆藏的同时，可以对一个特定目标记录进行检索、调用和提供帮助，利用开放资源定位器可以直接链接到有关文献和相关服务，实现翻译和对特定内容的检索和其他文献需求方面。

由于用户界面是由使用的窗体所决定，所以可以通过使用不同窗体来定义不同的用户界面，这一特点适合有着许多种母语的欧洲图书馆计划，同时也可以为其参与者定制适合他们自己需要的系统，包括添加自己的馆藏描述。由于这种模式的使用使得一个中心端口的方式变得有些落后，取而代之是图书馆的端口嵌入用户的浏览器，参与馆通过使用记录描述保持对功能和馆藏以及目录的控制。这种方式有着可测量性的特点，其分布广，避免了中心端口模式造成的瓶颈现象。这种在端口系统中集合了 Z39.50 协议和网络资源检索回溯统一定位器协议的方案也得到了外界专家的推荐，由于欧洲图书馆计划项目一开始没有打算开发一种服务模式，那些在项目 进行过程中发挥基本服务功能的模型在结束时被放弃了。

元数据开发

元数据在资料检索、查找、鉴别、描述和存取以及服务提供中是必需的，由于各参与馆和出版社的产品和使用的元数据除了格式、术语和分类上，是十分不同的，为了在不同数据中获得满意的检索结果，需要统一的元数据，为此在项目过程中开发了元数据的数据表。一开始就选定了可标记扩展语言作为记录的语句结构，因为大多数格式可以以可逆的方式转换可标记扩展语言结构，而没有数据丢失。在语义方面采用了都柏林核心库结构作为基础，因为简化的都柏林核心库对于欧洲图书馆计划的目标来说过于受限制了。整个项目在决定使用何种元数据时，需要调查当前、今后的服务和相关出版物的功能性，并制成对应表格；用户的不同需求将决定何种元数据的使用，在进入不同馆的服务界面可以选择一系列服务。同时各种服务也处于不断开发研制中以适应技术和需求的不断发展。

馆藏描述

由于最终不同的馆藏在服务中将发挥重要的作用，欧洲图书馆计划被描述为“馆藏中的馆藏”，用户应该可以使用同样的方法在不同馆藏中开展检索，这就需要使用一样的馆藏级描述元数据，不仅可以检索一个馆藏也可以在不同馆藏间实现此功能。如果请求在一个馆藏得到部分结果，用户可以转至一个特定的馆实现同样的检索请求。

在欧洲图书馆计划的开发过程中，已考虑了由于各种功能的不断扩充，需要元数据的数据表有一定的灵活性以适应新馆藏和服务的更新变化。同时对现元数据的数据表中使用术语和字符进行登记，包括被提议的、被否决的和弃置不用的，有些字符是欧洲图书馆项目中所特有的。这些信息接受任何人的检查，但增加新数据元素的建议只能由国家图书馆自己提出。

为了维护欧洲图书馆计划元数据的数据表、馆藏描述以及相关变化和适应未来发展，建立工作组是非常必要的，工作组的任务是将关注元数据标准的发展、元数据的使用和相关协议进展，并及时为欧洲图书馆计划提供信息支持。

欧洲图书馆计划与出版社

当欧洲国家图书馆的馆藏元数据通过集成检索和存取工具提供后，并通过链接到本地服务得以强化。如何处理网络电子出版物的问题出现了，从技术的的角度，通过互联网能很容易地将网络电子出版物提供给最终用户。然而，这当中遇到的阻碍不仅来自版权法；由于出版商将所有出版物无偿呈缴给国家图书馆保存，由于传统文献在图书馆使用受到限制，因为通常这些文献不提供外借服务。对于电子出版物出版商和缴存馆间也有同样的协议，大多数国家图书馆不能提供电子商务工具，因此，与出版商协商通过网络提供电子缴存文献在当前是不可能的。

但欧洲图书馆计划将继续提供参与馆的电子资源，因此，在欧洲图书馆计划拥有传统资料的元数据时，将可以实现自由获取各国家图书馆的网络电子出版物和数字资源。

建立有关与出版社关系的工作计划有两个目的：一方面是研究欧洲数字资料缴存法的进展情况，另一方面是掌握欧洲国家图书馆电子出版物的情况，最终通过协商与出版社在依法和志愿缴存方面达成共识，并建立在业务、许可和版权方面的合作关系。目前情况是网络电子资料的缴存法在欧洲还十分不普及，然而许多国家缴存法正在修改以适应出版界的新发展。大多数国家图书馆就志愿缴存电子出版物达成协议，并积累这方面的经验，在出版社和欧洲出版商协会方面也已于2001年达成了关于电子出版物的声明，由于该声明已被各缴存馆接受，也为这方面取得进展和经验提供了保证。

出版商们认为欧洲图书馆计划是多种情况并存的，一方面他们看到了网络电子出版物通过国家书目和相应国家图书馆目录发行的可能性；另一方面他们也担心商业利益受到威胁。如果出版商和各国家图书馆间能够单独达成协议，尤其是在版权和在图书馆阅览室外使用的付费问题上，出版商还是愿意成为欧洲图书馆计划的合作者。在真正实现通过欧洲图书馆计划获取商业出版社的网络出版物前还有许多工作要做，首先要修订缴存法中有关缴存程序，完善使用状况的有关条款，并在扩充服务定价和远程非到馆用户使用上达成一致，同时在各国家图书馆引入电子商务工具是各项工作所必需的环节。

日本高校图书馆建设与发展一览

日本高校图书馆是以较高的标准建设的，他们为日本高校、国内的教学与科研贡献了很多力量，是日本图书馆体系的重要部分。目前，日本高校图书馆配合日本整体图书馆事业的建设，在提升读者服务质量、馆员培训和再教育方面加大力量，力求使日本高校图书馆的服务层次与建设水平再上新台阶。

整体面貌

日本高校系统由国立大学、私立大学和各地的公立大学三个层次组成，其中 87 所国立大学和 86 所各地公立大学分别由国家和地方政府资助，其余 500 多所私立大学也由政府管理，部分由政府出资。早在 1886 年日本政府颁布的相关法令中就规定，所有大学都必须建立图书馆，帝国大学图书馆，作为后来的东京大学图书馆，也由此诞生。东京大学是日本第一所国立大学，始建于1877年，而庆应义塾大学则是日第一所私立大学。根据日本图书馆协会统计，日本高校图书馆用于馆藏的平均开支大约占日整个图书馆体系的1.4%。根据教育、文化等部门的统计，在2005年的财政年度里，图书馆的开支平均占高校总开支的3.2%。日本所有的高校，无论是国立、公立还是私立大学，都受到教育、文化部门的严格管理，根据高校类型的不同，都有一系列不同的管理条例和规章制度。2003年，《国立大学法人法》正式生效，这让国立大学获得了法人地位。他们可以通过更有自主权的管理政策提高自身的教育和科研能力。由此，所有国立大学的员工，包括图书馆工作人员，都不再是政府工作人员。法人地位的变化更深远的影响已经在一些方面体现出来，这也导致一些高校进行结构调整和人员缩减，以便控制成本，并且在高校的其他部门也出现了一些外包活动，如资源数字化等。同时，这些变化也激励国立大学图书馆把重点放在为教学科研提供服务上，使他们更加重视搜集用户需求，在服务和扩大馆藏等方面多考虑读者的意见和要求。这也为图书馆工作人员在服务传递和读者服务方面的培训提出了要求。

图书馆员教育与培训

在日本，图书馆员要参加由教育、文化部门组织的资格认证，并获得相应证书。这是对图书馆员从业资格的认定。这一认证要求参加者有大学文凭，另外还要修满20个学分的图书馆学课程，或者是通过修一门专业课程来获得这些学分。在日本，目前有200多所大学开设图书馆学课程，从2年制的大专到4年制的本科或研究生教育，均包括其中。一些水平较高的知名大学往往能吸引很多对图书馆学感兴趣的人前去学习，包括东京大学、庆应义塾大学、京都大学以及筑波大学等。然而，尽管每年大约有 1 万人获得图书馆员的资格认证证书，但仅有不到 5% 的人能够被图书馆录用，而图书馆员中也只有不到 50% 的人获得资格认证证书。事实上，日本的图书馆员社会地位并不高，很多图书馆员所受的专业培训也不多，这成为了日本的图书馆领导层一直以来很担心的问题。为此，日本国家信息研究所和一些高校针对高校图书馆员提供了继续教育课程，使他们提高专业技能。同时，日本图书馆界开展了一项大规模的名为“图书馆学情报学职业及教育的革新”的研究项目，对日本国内外图书馆学情报学教育的历史、现状和未来进行研究，以便对日本图书馆学情报学教育体系改革的必要性进行评估。这一研究的成果也在国际图联的会议上进行了发布。项目组表示仅仅具有图书馆员的资格认证证书还不够，他们通过对高校图书馆员工作状况和职业状况进行分析，得到了相关的研究数据后，将会根据国际图书馆行业标准提出一个新的图书馆学情报学职业认证体系。

资源与服务

日本大型的国立大学如东京大学和筑波大学的图书馆基本上都拥有几百万册图书，其中包含三分之一以上的英文图书。如东京大学图书馆拥有 500 多万册日语图书，另外还拥有几乎同等数量的外文图书。庆应义塾大学则拥有日本最大的私立图书馆之一，也拥有超过 400 万册的图书。地方公立和私立大学图书馆的馆藏数量一般有 100 多万册。大型高校图书馆的期刊收藏量平均约为 3.5 万种。高校图书馆都被要求收藏专业领域的外文期刊。自从可以通过国际数据商如爱思唯尔、斯普林格等获得电子版期刊全文以来，日本高校图书馆就开始为用户提供全文数据库、电子期刊和图书，但因为日本的《著作权法》还不允许传递电子文档，因此电子文档传递还只能通过纸本进行。日本大部分的高校图书馆都提供文献参考服务，但是并非所有的图书馆都有独立的参考咨询部门和专业的咨询人员。不过，由政府和各高校图书馆联盟推动的信息素质教育已经越来越广泛，这为各高校图书馆参考咨询水平的提高提供了动力。90%的日本高校图书馆拥有网上公共目录，大型高校图书馆通常都将本馆的专业馆藏乃至珍贵馆藏的目录向读者开放。这些书目及馆藏信息都由国立情报学研究所传输到国家数据库，如综合书目数据库系统中。

应用新技术

日本高校图书馆也很重视网络化时代新技术的利用，他们利用网络技术，将读者连接到丰富的资源中，并且与图书馆馆藏目录和个性化的服务相连接，并且还连接到电子期刊，数字图书馆等资源库中。同时，还将很多珍贵的馆藏应用到数字化项目中。随着新技术的不断涌现，像 RFID 这样的技术已经被应用到资料流通管理和闭架书目检索的智能系统中。复合图书馆的概念经常被提起，但并非所有的内容都是数字化的，而电子资源和印刷型资源混合将会利用到最新的检索技术。

构建学校的心脏：日本中小学图书馆建设一览

日本中小学图书馆历史比较悠久，最早可追溯到明治初期。自 1947 年开始，日本秉持“学校和图书馆是人生不可或缺的教育机构”的理念，提出“学校图书馆是学校的心脏”的响亮口号，通过立法、经费保障和建立国家级图书馆标准等加强中小学图书馆建设，经过 60 余年的建设与发展，日本中小学图书馆的建设取得了令人瞩目的成就，使日本成为了当今世界上中小学图书馆事业最发达的国家之一。

日本中小学图书馆藏书量非常庞大，据日本文部科学省 2008 年的调查结果显示，2007 年，日本全国共有小学 21 858 所，藏书 1.6 亿册；初中 10 020 所，藏书 9 560 万册；高中 3 840所，藏书 8 572 万册。日本中小学图书馆环境幽雅、温馨，功能齐全，一般都设有视听室、地下藏书室、开架图书借阅室、学生自习室、期刊阅览室、纪念文库室、电子阅览室、学生自主管理图书角、职员研究室等，藏书检索功能齐备方便，全部实行电脑自动化管理，一些条件较好的学校还实行了图书借阅与归还电子化无人管理。有的学校图书馆还建有专门网站。日本所有中小学图书馆内还都张贴有方便读者使用的图书馆使用指南和图书馆内部图示等。日本在发展和建设中小学图书馆的过程中，采取了五大举措，正是这些举措保证了日本中小学图书馆事业的迅猛发展，也促进了日本全国图书馆事业的繁荣。借鉴同属亚洲国家的近邻的经验，对于我国学校图书馆事业的建设也一定大有裨益：

以立法形式将学校图书馆工作纳入法制化管理轨道

1953 年日本颁布了《学校图书馆法》，对中小学图书馆的性质、功能、任务和国家所承担的责任等都作了具体的规定。其中第 3 条规定："学校必须设置图书馆。"该法的颁布使现代图书馆观念和国民利用图书馆的意识得以通过中小学图书馆加以传播和普及。为全面贯彻与落实《学校图书馆法》的精神，该法颁布后，日本文部省和全国学校图书馆协议会以它为基准，又制定了 10 个配套规章，主要是对法律条文的规定进行细化。这 10 个配套规章和《学校图书馆法》一起构成了日本中小学图书馆一整套完整的法律体系。此后，日本政府又于 1958 年、1966 年、1997 年和 2007 年四次对《学校图书馆法》进行修订，使其日益完善。相关法律法规的颁布和修订为日本中小学图书馆建设与发展提供了强有力的法律保障。

图书馆工作人员的专业化制度建设

日本中小学图书馆设置了兼具"教谕"与"司书"双重特点的司书教谕专业制度，既可发挥教师育人方面的作用，又有利于司书施展其图书馆管理方面的专业才能。而且日本对相关专业人员的任职资格也有一套严格的标准，必须要经过严格的考核才能获得司书教谕资格。除了司书教谕之外，日本学校图书馆还配有学校司书。学校司书是对学校中主要从事图书馆工作的职员的统称，其主要职责是协助司书教谕工作。学校图书馆的运行与管理，除以司书教谕和司书为主外，还有校内校外的志愿者参与管理并开展相应工作。

保证图书馆建设资金

经费的保障是日本中小学图书馆建设中重要的方面。《学校图书馆法》第 2 章专门阐述国家的责任主要体现在经费保障上。该法规定，图书馆的设备或图书未达到政府规定标准的情况下，将其提高到政府规定的标准时，国家要负担其所需经费的二分之一。为确保专款专用，该法规定了国家经费的使用及退还问题。该法还对地方政府支持学校图书馆建设作了明确规定，根据相关地方财政法，要求地方政府充实学校图书馆的设备和保证图书馆所必需的经费。根据统计，2005 年日本全国中小学图书馆预决算金额为：小学 90 亿日元、初中 60 亿日元、高中 150 亿日元。如此多的政府经费投入，有力地保证了日本中小学图书馆的建设。

馆内馆外相结合开展活动

为充分发挥中小学图书馆的作用，培养学生良好的阅读和学习习惯，日本各中小学图书馆会经常举办读书会、研究会、放映会以及图书期刊资料展览会等活动。日本中小学图书馆还十分注重与家庭和其他公共馆的相互协作，增加学生读书的机会，在整个社会形成一种热爱读书的风尚。各地公共图书馆在与学校合作推动学生读书的活动中，确保图书馆有足够的空间为学生提供优质的服务，而学校主要进行有关读书指导方面的研究，向学生介绍先进的读书经验，提高教师的指导能力和利用图书馆的能力。学校之间还经常联手开展校际读书比赛活动。各中小学图书馆与公共图书馆、大学图书馆等建立了相互协作的伙伴关系，实行资源共享，图书资料馆际互借，这大大地推动了中小学图书馆建设向前发展。

充分利用现代信息技术

日本中小学非常注重培养学生获取信息与利用信息的能力。1998 年，文部省对于中小学图书馆建设作出论述："学校图书馆应利用网络环境，加强学习信息功能，并在教师的配合下做好学生学习的支持工作。"日本在实施现代信息技术与图书馆功能整合方面理念现行，设备配备紧随其后。为全面建立信息通信环境和信息利用环境，文部省进行了统筹规划，除文部省划拨给地方的专项经费外，中小学网络通信费等由地方的税收来补充其中的一部分。根据 2005 年文部省的调查，中小学校电脑数已达到 108 万台，互联网安装率达到了 99.9%。目前，日本所有中小学图书馆都实行了网络化管理，都建有电子阅览室、电子文库等，有的还利用互联网开展远程教学。随着现代信息技术的更广泛利用，日本中小学的图书馆建设必将再上一个新台阶。

日本国际儿童图书馆及其暑期活动

近年来，随着信息科技的进步，互联网的普及，少儿阅读出现“娱乐化”、“碎片化”的趋势，引起了专家学者的担忧。无独有偶，二十多年前的今天，日本少年儿童逐渐远离纸质阅读的趋势也引起过社会各界的广泛关注，许多民间团体纷纷呼吁设立国家级别的少儿图书馆，重振少年儿童的阅读兴趣。

1997 年，日本政府响应民间团体的号召，计划将位于上野公园内的国立国会图书馆上野分馆改建成国际儿童图书馆。同年 5 月 5 日，日本国际儿童图书馆第一期开馆仪式在樱花盛开的上野公园举行。2002 年国际儿童图书馆全面开馆，总面积达到 6 671 平方米，藏书 40 万册。

国际儿童图书馆关注少年儿童的阅读生活，收集、保存国内外少年儿童读物及相关材料，整合国内外儿童读物以及与阅读相关的资源。国际儿童图书馆认为让所有的孩子都能享受阅读的喜悦，是一个社会整体的责任；他们支持有关儿童读物的研究活动，因为“儿童的书，将连接世界，开拓未来”。

为了最大限度地发挥图书馆的作用，国际儿童图书馆主要在以下四方面开展读者服务。一是作为儿童读物的宝库。众所周知，图书馆的主要作用是为征集、整理并提供文献的使用，国际儿童图书馆在提供此类基础服务之外，还通过信息的传播为少年儿童提供内容广泛的国内外儿童读物和相关材料，科研和培训服务。国际儿童图书馆建馆之初，便收集、保存日本出版的儿童图书，日本儿童版图书馆的外文翻译版本，日本主题的外国图书。上述书刊资料不仅提供给少年阅览，还供科研人员和童书作者研究使用。

二是作为儿童与图书的交流中心。国际儿童图书馆关注少儿的健康成长，不定期提供儿童读物、娱乐、旅游等阅读信息和资料，拓展了儿童的阅读范围，增加了阅读多样化的可能性，也为儿童互相交流阅读体会提供了良好的环境和便利的平台。

三是作为图书馆界信息中心。国际儿童图书馆建立了完整的信息共享空间，协助公共图书馆和学校图书馆开展工作，与县级图书馆开展馆际互借、信息资源共享、参考咨询互助。

四是国际儿童图书馆不定期举办讲座、展览等与阅读相关的活动，协助国内外相关机构，为少年儿童提供学习语言的机会，向儿童展示童书的魅力，提高儿童表达能力，拓展儿童的创造能力和生活能力。

2012 年暑假期间，国际儿童图书馆将举办内容丰富、形似多样的讲座。其中 7 月份的讲座有：“一千零一夜”的讲座、读书俱乐部协调员培训研讨会、题为“在甲府市思考建立一个智慧城市”的研讨会、京都学校的儿童文化研讨会等。

为了更好的掌握儿童图书出版信息，为儿童提供优质的服务，自 2001 年起，国际儿童图书馆每年 3 月发布一期《国际儿童文学图书馆窗口》。以 2011 年刊物为例，该刊对未来十年做了美好的展望；总结了10年公众阅读活动；调查了越南、土耳其儿童图书的出版、发行情况；介绍了在印度新德里举行的国际儿童会议的情况，传递了国际儿童读物联盟（International Board on Books for Young People，IBBY）第32届大会相关信息。此外，国际儿童图书馆还编辑有灰色文献《儿童文学讲座回溯》、正式连续出版物《儿童文学研究系列》《儿童图书馆服务指南》等。

国际儿童图书馆还针对四岁以上的儿童设置“儿童故事协会”。每周六和周日，四岁以上的儿童可以参与30分钟的儿童故事协会，图书馆员会分享适龄儿童的故事书、图画书，并根据当天所讲的故事安排播放一首儿歌。2012年7月28～29日，儿童读书协会的主题为“2012，和科学一起玩”，现正接受报名。

2012年，国际儿童图书馆开馆十周年，举办了形式多样的庆祝活动，例如始于2月20日的“日本童书出海游”展览。这次展览包括三部分：出版之塔、文化之塔、特别角落。其中“出版之塔”展示的是19世纪60年代到当代，最能代表日本少儿出版水平的翻译作品以及非小说译本。“文化之塔”比较了日本读者所熟知的图画书、文学作品的原著和国际知名翻译版本，并且展示了部分以日本民间传说为主题的皱纸书（chirimen bon /crepe－paper books），这部分图书大多为外国读者所熟知。

日本国际儿童图书馆，无论是馆藏质量和数量，还是所举办的阅读推广活动，都走在国际前列。中国图书馆应该借鉴日本的先进经验，加快少儿图书馆的建设步伐，为少儿阅读推广事业添砖加瓦。

瑞士国家图书馆：书架总长40公里

瑞士国家图书馆成立于1894年，目前隶属于瑞士联邦文化事务局。1895年，该馆在伯尔尼的一套4室的公寓开放，当时既没有电灯也没有电话。1899年搬迁到联邦档案馆内，经过4年整合，馆藏向公众开放。1901年首次编辑出版瑞士的国家书目。1911年制定了有关瑞士国家图书馆的联邦法律，根据法律，其职能经常要进行调整。1915年在缺乏版权法律的情况下，该馆与瑞士出版商达成协议，可以免费得到出版商的出版物每种1册。1928年开始编辑瑞士联合目录。1931年瑞士国家图书馆迁至目前的馆址。1961年更新了与瑞士出版商协会及瑞士法语书商和出版商协会的协议。1992年联邦政府批准了有关瑞士国家图书馆的新法律，为其重组铺平了道路。1993年开始在VTLS图书馆系统上进行电子编目。1995年设立了瑞士ISSN中心（使用德文和法文），同时协调瑞士声音遗产的保存。1996年瑞士议会批准翻修该馆主楼。1997年将馆藏从主楼转移到新的地下典藏库，并应用自动化系统进行外借。1998 年联邦委员会批准了关于瑞士国家图书馆的新条例。2000 年开始实施脱酸计划，并设立图书保护中心。2001 年该馆搬回经扩充和翻修的大楼，在新阅览室中正式开始多媒体服务。2002 年建设了 Helveticat 目录，进入虚拟图书馆系统。该馆下设藏书部——负责采选、编目、目录、典藏以及 ISSN 中心；公共关系部——负责信息中心、瑞士联合目录、连续出版物目录和外借；专藏部——负责文献档案和舆图收藏；员工部——负责行政管理、计算机系统、文化活动、国际关系、培训等工作。

瑞士国家图书馆馆负责收集、编目、保存与瑞士有关各领域各学科的各种媒体信息，同时确保这些数据最大范围的可获得性。1911 年联邦法要求该馆收集所有瑞士出版物；国外出版的与瑞士有关的出版物，无论其是古代作品或是现代作品；瑞士人撰述后翻译成其他语言在国外出版的作品或侨居在瑞士的居民的作品。1992 年的新法律将收藏范围扩大到新媒体。瑞士国家图书馆丰富的馆藏面向公众，旨在反映和传播瑞士文化。目前馆藏总量 350 万册（件）：专著 2 456 430 件；期刊 506 296 卷；CD－ROM 及缩微品 9 090 件；制图资料、图片、地图 333 207 件；音乐出版物 46 965 件；视听资料 10 228 件，现刊 10 000 种。总书架长 40 公里。瑞士国家图书馆向所有瑞士的居民开放，设有隶属于用户服务部的专门外借机构，可按要求提供邮寄外借，但 1951 年前的出版物仅供在阅览室使用，本馆职工及读者外借图书不收费。2002 年建立的 Helveticat 目录已进入虚拟图书馆系统。“Helveticat”是以各种媒介形式存储的文献产品（手稿、印刷品、数字化产品、绘画或声音文献）；所有国外出版的瑞士作家撰写的及有关瑞士的作品；还包括所有官方机构的出版物，以及乐谱、报纸、学位论文甚至电话和地址名录。

斯洛文尼亚图书馆事业蓬勃发展

提高国民的整体阅读水平

斯洛文尼亚（Slovenia）全称斯洛文尼亚共和国，位于中欧南部，地处巴尔干地区西北部。1991 年之前为前南斯拉夫的一个加盟共和国。1991 年 6 月 25 日获得独立，目前人口约为 200 万。斯洛文尼亚在东欧经济转型国家当中人均 GDP 名列第一，同时该国也是世界贸易组织的创始国之一。斯洛文尼亚已于 2004 年 5 月 1 日加入欧盟，同年 6 月 28 日加入汇率兑换机制，2007 年 1 月 1 日正式加入欧元区。

斯洛文尼亚一直很重视图书和图书馆事业的发展，是一个人均图书出版量和阅读量排名世界前列的国家，仅 2012 年就出版了 5 200 本图书。与此同时很重视为群众提供广泛的阅读途径，致力于提高国民的整体阅读水平。书籍是人类文明进步最重要的工具之一，在斯洛文尼亚的发展征途上，图书起了不可磨灭的作用。最早用斯洛文尼亚语记载下来的文献是弗雷辛手写本（FLEISING MANUSKRIPTS），时间大概在 972 年～

1022 年之间，这些手写本于 1803 年在德国的弗雷辛发现。1550 年，新教徒普里莫斯·特鲁巴尔（PRIMOZ TRUBAR）用斯洛文尼亚语写成的第一本书《初学者教义问答》（KATTECHISMUS AND ABECEDALIUM）完成，后在德国城市图宾根印刷。特别值得一提的是，朱利季·达尔马廷（JURIJ DALMATIN）在 1584 年将作为西方宗教文明基础的《圣经》（BIBLE）翻译成斯洛文尼亚语，体现出斯洛文尼亚在传播文明和文化方面很早就做出了努力。由于斯洛文尼亚在扩大书籍的影响以及传播人类文明所做出的突出贡献，联合国教科文组织（UNESCO）与国际出版商联合会（IPA）、国际书商联合会（IBF）、国际图书馆协会以及机构联合会（IFLA）在 2010 年 4 月 23 日“世界图书日”那天将斯洛文尼亚的首都卢布尔雅那（Ljubljana）市评选为该年度的“世界图书之都”（World Book Capital）。

各级图书馆热忱为读者服务

在斯洛文尼亚的大小城市，装饰简单、空间宽裕的图书馆随处可见。首都卢布尔雅那的图书馆最多，不但有国家图书馆和市图书馆，而且下属的每个区和很多社区都创建了大小不同的各种图书馆。从藏书类别来看，国家和市立的图书馆提供给读者阅读的大多是文献和典籍，而社区图书馆则以生活类、文学类书籍和当期杂志为主，其中包括很多英语、法语和德语杂志。所有的图书馆都对外免费开放，借书需办理借书卡，年费用 10 欧元左右（约合 90 元人民币），每次可以借阅不超过 10 本的图书，时间为半年。

欧洲的图书价格一般都比较高，特别在斯洛文尼亚，由于图书印刷量比较小，成本增加，致使一般的文艺类和知识类图书的市场价格普遍都超过了20欧元（大约合180人民币元）以上。针对这种情况，政府近年来从经济方面入手，不断降低图书的增值税，通过降低市场价格让人们读得起书。在卢布尔雅那市2010年当选为“世界图书之都”时，斯洛文尼亚文化部长曾经致信欧盟总部，提出欧盟各国都来降低图书增值税的建议，以最终实现图书零税率的目标。

每周的周末，在卢布尔雅那市中心广场举办的旧书市场已成为一道靓丽的都市风景，吸引了众多的市民。根据规定，人们可以免费到广场上摆摊，出售一些旧书和过期的杂志。其中不少实际上都是比较新的书籍和当期杂志，以七折或更低的价格出售。很多市民把买到的图书或杂志读完以后，还可以再出售。尽管旧书市场使书商的利益受到极大的影响，但是政府却持肯定的态度。因为这种做法有助于增加书籍的流转率，一方面减少了纸张的浪费，另一方面让更多的人以较低的成本阅读到不同书籍。从总体上看，增加了人们的阅读机会，有利于提高国民的文化水平。

兴建国家和卢布尔雅那大学图书馆

为了满足国民不断增长的文化需求，斯洛文尼亚政府决定投资兴建国家和卢布尔雅那大学图书馆（National and University Library of Ljubljana，NULL）。主持该项目设计的CVDB建筑事务所认为，该馆不仅仅是保存斯洛文尼亚宝贵历史和民族遗产的档案馆，更是知识和文化的象征。基于这种认识，建筑师们打算把新型高效节能的V字形建筑塑造成与一本竖立的书相像的形状。

建筑方案根据生物气候的规划策略，把设计和能源效率进行直接的联结。外立面采用了不同密度和深度的遮阳系统，在秋冬期间最大限度地获取能源，在春夏期间最大限度地减少能源增益。有梯度的外立面可以被视为是方案、结构和生物气候关注三方面的自然结合。

建筑师认为，这个图书馆的几何形状应该和市区的场地布局直接呼应。在设计图的核心位置上，标有一个中空的记号。那里将要建一个宽大的公共楼梯系统，以连接新图书馆的不同层面，并且通往最后一个楼层上像冬季花园的露台。人们站在露台上，可以极目遥望，把城市和城堡尽收眼底。

该馆所处的位置正好在一个罗马废墟旁边，为了妥善处理好新建筑和文物的关系，CVDB 建筑事务所计划先在废墟的上方修建一个由十字金属梁构造的大圆顶，然后加盖一个巨型的透明罩子，起到保护和展示的作用。待工程完成后，游客能从周围的街道和图书馆的底层观赏这个文物。读者在感受历史的同时走进现代化的国家和卢布尔雅那大学图书馆，自然会产生一种穿越时空的神奇感。

泰国国家图书馆：分馆建设遍布全国

泰国国家图书馆是在 1905 年 10 月 12 日，根据当时的朱拉隆功国王下的命令，由 3 所皇室图书馆合并而成，最初由国王指定的委员会在皇室的保护下进行管理。1925 年，拉玛七世国王将拉玛六世的一批私人藏书及手稿捐赠给该馆。1932 年，正式更名为泰国国家图书馆。到目前为止，泰国国家图书馆在曼谷和各省共设立了 21 所分馆，其最主要的职能是收集和保存泰国国内所有的文献信息资源，最大范围地向公众提供服务。多年来，在教育和文化发展方面起着十分重要的作用。该馆的藏书涵盖历史、法律、医学、艺术等诸多领域，目前藏有专著 221 万卷；善本书和手稿 21.7 万卷；连续出版物2 100 种；报纸 400 种；其他非纸质资料 7 万件。

泰国国家图书馆通过服务网点在其总馆及曼谷的 7 个专藏馆和外省的 14 个分馆对全国提供服务。作为参考图书馆，用户可向总馆和专藏馆提出咨询服务要求，使用 OPAC 及其网络。该馆解答各类咨询，并对政府组织开展外借、对研究者开展馆际互借、文献传真及电子邮件服务，应政府组织要求编辑书目、索引，翻译古代手稿，开展读书活动，举办展览、培训班和研讨班，举办讲座、讨论会，放映电影等。1999 年，泰国国家图书馆将其数据库放到了网上。除了是交换和馆际互借中心，该馆还是东南亚连续出版物数据系统的地区中心、泰国图书情报协调委员会及人文情报网络中心、泰国的国际标准书号和国际标准刊号中心，并编辑各种书目。同时，该馆还是国际图联和东南亚图书馆馆长会议成员。

璧山图书馆：酷似树屋

用最少材料获取最大的空间

为了保持在东南亚地区科技和金融等领域的领先地位，新加坡政府一直很重视读书和学习。国家虽然很小，但是书店众多，所有大型的商厦里都有书店，其中最著名的是“叶壹堂”书店。除了买书外，市民还常去公共图书馆阅读。除了新加坡国家图书馆外，还有 3 家区域图书馆、20 家社区图书馆。10 多家社区儿童图书馆和一些电子图书馆。据统计，2011 年借阅的图书大约 2796 万册，读者数量为 3236 万人次（新加坡总人口数才 490 多万）。

璧山公共图书馆位于璧山中心区域一个人口密集的地块，周围分布着像购物中心、住宅、社区中心、公交车站和政府大楼等建筑物。建筑师兼顾全局，高屋建瓴，通过高度理性的空间设计策略，满足了视线方向、太阳光控制和根据消防安全规定调整没有保护的洞口等相互矛盾的要求。他们在设计中加入了一个大型的中庭，引入的自然光线能照射到馆舍内部的主要区域以及图书馆的大部分楼层。图书馆西立面处坚固的核心筒不但给后勤部门提供了办公场所，还能为建筑物遮挡刺眼的阳光。通过科学设计和精心布局，璧山公共图书馆在使用最少材料的同时拥有最大的内部空间，节省了建筑成本，取得理想的经济效益。

由 LOOK Architects 建筑事务所负责设计建造的璧山公共图书馆多彩多姿，别具一格，充满着勃勃生机，营造出迷人的氛围。因为馆址所在的地块受到建筑物高度的限制，所以下面设置有地下室，楼层之间用一个公共电梯和楼梯的核心筒相连。为了满足高效施工的要求，建筑师在现场组装了 4 种典型楼板的模板，然后进行混凝土浇筑，而不是采用在工厂车间内通过模具加工而成的预制构件。馆舍还采用了一种高科技的“预张拉”楼板，大大减少了内部柱子的数量，不但有效地增加了楼面面积，还提高了藏书区的灵活性。他们充分利用大型的中庭、自然采光、资源效率和被动式太阳能设计，尽可能地节省能源，降低了建筑物对环境的影响。

设计灵感来自于树冠树屋

璧山公共图书馆占地 4000 平方米，整个设计简约而精巧，看上去酷似一间大树屋。其实，树冠和树屋的灵感从设计概念阶段就形成了。建筑师别出心裁，另辟蹊径，试图让读者在充满神奇的发现与游戏之旅中，寻觅到一个舒适惬意的学习环境。在大自然里，树木的地上部分包括主干和树冠。从根茎到第一主枝（或第一个分枝）的部分叫主干，主干以上的部分叫树冠，构成骨架的永久性大枝叫着骨干枝，包括中心干、主枝和侧枝三部分。庞大的树冠总是默默地迎接着阳光、风霜和雨雪，吸纳着尘埃污浊，吐露出新鲜空气。树屋是指利用树干在树枝上筑起的小木屋，在非洲的国家公园或动物保护区可以看得到。

在壁山公共图书馆，建筑物内部与外部均运用天窗和彩色玻璃，将入射的日光转变为多种色调与颜色的光线，制造出有趣的光影斑驳效果。模拟自然界中光从树枝叶中透过的视觉感受，就像是光线穿过树冠一样，能使人觉得与大自然贴得很近，融合在一起。设计者认为这样的光照更为舒适，有利于阅读。

尤其引人注目的是，多个被称为“POD”的方形蓝绿黄色玻璃“盒子”从主建筑临街的立面上悬挑而出，错落有致地形成一个个独立的空间，成为壁山公共图书馆颇具特色的识别性标志，令人叹为观止。“POD”如同各种各样的树屋，外表具有迷人的魅力，室内则形成独特的空间。它们不但是个人阅读和研究的理想场所，而且还是举行小型研讨会、开展读书活动和进行学术讨论的绝佳地点。斑驳的光线透过“POD”的彩色玻璃墙壁映射进里面，使读者倍感温暖，活力无限。身处拥有绝佳视线和趣味的方形“盒子”里，人们可以忘记世间的繁琐，生活的烦恼，完全放松心情，静心沉寂在书籍的阅读和学习中。设计师介绍说，“POD”这个可提升人们阅读兴趣的创作火花来自于对大自然的体验，源于“在树上的房子居住”这种返璞归真和想法。在安装“POD”时，先用膨胀螺钉将镀锌低碳钢支架锚固在上下层的地面结构层上，再在支架外伸的部分安装“POD”的大幅彩色玻璃，并作好与地板和天花板的交接处理。

积极地与读者交流互动

璧山公共图书馆从周围混合用途的小区中脱颖而出，引起居民和游客的好奇心。前来参观游览和借阅图书的人群络绎不绝，真是门庭若市，热闹非凡。人们一进入馆内，便开始了踏上体验的旅程。在竖向开敞的大型中庭里，一条呈 Z 字形的和缓坡道连贯上下，宽阔舒展，同时也把 4 个楼层的阅览室有机地连接起来，在分散大批人群时发挥了很好的作用。整个馆舍的空间丰富多变，动静结合，张弛相宜。人们可以利用阅读的间隙踱步至露天而设的小型庭院，在观赏葱翠的植物中使因看书而疲惫的眼睛得到舒缓。

该馆还和社区联手，根据读者的不同年龄和使用的不同语言，成立读书俱乐部或者读书会，这些组织定期举办丰富多彩的活动，例如主办专题讲座、阅读指导课和书籍讨论会。有时还邀请作家介绍创作心得，亲自解读自己的作品，与读者进行现场交流互动，效果很好。

为了培养儿童尤其是低收入家庭孩子爱读书的习惯，璧山公共图书馆正在实施一项儿童启蒙阅读计划。为儿童专设的阅读区安置在地下层，形成了一个地下洞穴般的区域，从而避免了来自上部区域的噪音干扰，给孩子们创造最好的学和玩的条件。从迎合儿童的好奇心理和阅读习惯出发，座椅设计成花瓣图案并配以活泼的糖果色，地面则采用具有动感的线条。在这种充满出趣味的环境里，孩子们可以尽情放飞自己的想象，感受到阅读的快乐。

新加坡图书馆印象

新加坡图书馆可谓好评如潮。我国图书馆界同仁频频前往取经。我们并没有亲自领略新加坡图书馆，但心驰神往久矣。特此整理通过各种渠道获取的资料，粗略形成较为完整的新加坡图书馆印象。

新加坡一直致力于打造一个世界级的、便捷高效的图书馆服务系统。他们把图书馆建在地铁站附近、商业中心、闹市区等，用高科技手段把读者借还图书的手续省到最简，通过营造阅读环境使上图书馆成为一种享受，这些做法完全颠覆传统图书馆办馆理念，为人们呈现了一种全新的图书馆办馆模式。新加坡的图书馆飘着“书香”，他们的做法成为美国哈佛大学商学院 MBA 经典案例。

1992 年新加坡政府组织有数十人参加的专家委员会，以专题研究“公共图书馆的作用”议题。历时一年多，专家委员会形成了《2000 年的图书馆：为建设学习型国家而投资》的报告。这项报告尔后成为新加坡加强公共图书馆建设的方针。历经十余年的努力，目前新加坡已建成一个国家图书馆、3 个区域图书馆、23 个社区图书馆、10 个社区儿童图书馆、10 个学校和学术馆（不包括两个老牌大学图书馆，国立大学和南洋理工大学）、14 个政府和特别服务馆。这些图书馆统一由国家图书馆负责日常管理，从而使全国的图书馆形成一个结构完整、布局合理、资源共享的整体。

新加坡国家图书馆位于史丹福路，旧馆于 1960 年正式启用，2004 年关闭；新馆于 2005 年 7 月 22 日启用。新加坡国家图书馆首创于 1960 年，目前所用的新馆位于市中心的培英街和密骆路之间，建筑面积达 5.8 万平方米，藏书逾 60 万册，于 2005 年落成，总耗资 2 亿多新币，是目前东南亚规模最大、设施最先进的图书馆。图书馆主体大楼高 16 层，环保、美观、低成本三者的完美结合，获得了新加坡绿色建筑认证最高奖——白金奖。大厦在运行期间比普通建筑节省约 80% 的能源。所采用绿色建筑技术措施如下：采用了最佳的建筑朝向和位置，充分利用自然风，并利用围护结构的隔热性能，防止热的传递，尽量减少热负荷；设置了阳光遮蔽系统，采用日光照明策略，白天不用开灯，完全可以实现自然光的照射；建筑内部只有部分采用空调制冷，其余均利用自然通风或机械（如风扇）降温；室内的地毯、墙壁织物用一些具有足够强度的当地木材等材料，使得建筑对环境的破坏减小到最低，而且能够循环重复使用。

据统计，2005 年全新加坡永久居民 364 万包括居住一年以上的外国人共 484 万。注册读者 200 万（全国人口 50% 以上，3 到 70 岁人数 75% 以上，正常有阅读行为能力 80% 以上），读者到访人次 3 000 万。读者人均到图书馆 15 次以上。借阅册数 2 600 万册（人均借书 13 册），咨询人次 230 万次（人均向图书馆咨询 1 次以上）。2006 年新加坡图书馆的到访人次达 3 738

万、图书借阅量达 2 884 万册——即平均每个新加坡人一年到图书馆借书达到 7 本。

新加坡图书馆以前瞻而睿智的规划，引领整个图书馆事业的发展；以先进的信息技术，实现技术创新，提升管理水平和效率；以形式多样的人性化服务，使图书馆与读者充分交融，提高资源的利用效益；以高水平的人力资源管理与开发，构建高素质的人员队伍，提供高标准的专业服务。其理念是：成为激励人民终身学习之灯，将知识沸腾，燃想象火花，创造无尽潜能，打造一个富有活力和创意的新加坡。其基本策略是：灵活的公共图书馆系统；无疆域的图书馆；关注市场走向的高质量服务；连接商界与社区的桥梁；汇聚全球知识。

淮海工学院图书馆王正兴先生认为：商业理念和机制成就了“新加坡经验”，新加坡图书馆界的同行们认为，经商的成功表面在利，其本在客户，数千年的人类商业运作史，积累了丰富的拥有客户之经验，商业的理念应该是图书馆在危机中发展的借鉴；千方百计把公民转变为读者是“新加坡经验”最成功的经验；

占领技术制高点，区别服务，把读者转变为“学者”是图书馆事业是可持续发展的“新加坡经验”。王正兴先生的进一步思考是：图书馆是公共场所，公共性是图书馆的基本属性，学习性，知识性都建立在这个基础之上；关天图书馆吸引读者的一些具体做法，尤其是读书场合的动静处理，新加坡经验值得研究；图书馆的社会地位取决于图书馆的社会作用，图书馆的社会作用还是要通过图书馆人的开拓创新去提高。

国家图书馆史睿先生认为：新加坡国家图书馆管理局运用现代化的管理手段和规程，建立起方便、高效的城市公共图书馆体系，主要体现在高度的社会化协作；细致的科层划分和合理的人力资源配备；周密的工序安排和积极的中期调试；长效的全员培训；自动化办公的实现等方面。无论是基础业务、读者服务，还是设备、技术，都必须建立在现代化管理制度的基础之上，如果缺少这一环节，那么其他方面也难以有突破性的发展。考察一家图书馆的现代化水平，不仅仅视其馆藏文献总量、文献开发能力、人力资源和设备配置的水平而定，现代化的管理理念和规范的运作规程才是现代图书馆的灵魂，只有现代化的管理才能使文献资源、设备资源和人力资源协同配合，发挥出最高的效能。

新加坡市民“孤独川陵”先生认为新加坡国家图书馆是世界第一流的图书馆。这个一流不仅仅体现在图书馆的设备和藏书方面，更体现在这个图书馆的运作模式、宣传手段和管理方式上。其中最值得称道的是，他们把有限的资源最大程度加以利用，供应给市民。在新加坡几十家图书馆里，东南西北中各有一个比较大的区域图书馆，独立建筑，至少三层楼。其他社区图书馆规模就小多了，别看图书馆小，麻雀虽小五脏俱全，里面实用的书是非常多的。这些小图书馆一般都在紧靠地铁的购物中心里，这样能保证家长常常带孩子来。特别是那些很穷的家庭，周末在家连空调都没有，在图书馆还有冷气吹，自然爱带孩子来看看。这样国家图书馆的目的就达到了，有钱人并不缺钱买书，真正缺书缺知识的是那些穷苦人的孩子。新加坡是个小国，这样搞图书馆，不是为了成为世界第几大，而是为了推动教育、普及知识。

亚美尼亚国家图书馆：中学图书馆是其前身

亚美尼亚国家图书馆始建于1919年，最初的馆藏量为1.8万册，其前身为创建于1832年的埃里温中学图书馆。该馆与国际研究与交流理事会、开放式社会机构援助基金会亚美尼亚分会及欧亚基金会关系密切，并且是国际图联和欧亚图书馆协会的成员。

亚美尼亚国家馆坐落在埃里温市中心的杰里亚纳大街，周围均是高等学术机构。该馆最早的建筑物建于1939年，完全是亚美尼亚和欧洲风格。普通阅览室和艺术品、善本及档案文献部在老馆舍，其一楼有展厅和200个座位的会议室。主要的公共入口在大学生公园附近，从那里可以进入管理区，该区主要有阅览室和目录收藏部及办公室。书库建于20世纪80年代，可收藏900万册图书。当时完全没有考虑必要的图书保护措施，由于经费和技术原因，空调、温度和湿度调节、防火系统、图书储运设施及电梯都未能配套，一段时间内导致建筑物闲置。经过逐年整修，馆藏逐渐迁入。全部完工后，管理区和书库区的连接桥梁称为阅览区域。该馆现馆舍面积为38 014平方米。

亚美尼亚国家图书馆隶属于亚美尼亚文化部。每年政府给亚美尼亚国家图书馆拨款约为17.5万美元。亚美尼亚国家图书馆的主要职能包括：保存并向用户提供其国内出版的各类文献及国外具有信息和实用价值的出版物；编辑出版有关亚美尼亚图书的书目索引、国家书目和学术研究性出版物；为该国提供有关图书馆事业的书目、建立亚美尼亚学、馆际互借和文化方面的学术信息中心；参与该国图书馆信息科学方面公共政策的制定。该馆设有馆长一人，主管科研工作和财务后勤的副馆长各一人，全馆共有13个部、45个科组。亚美尼亚国家图书馆旧本和善本馆藏分为7个库：旧印刷本文献包括1512－1850年亚美尼亚出版的书籍、1564－1825年俄罗斯文的旧印刷本文献和1450－1800年的欧洲语言的旧印刷本文献。档案文献库包括1851年以来亚美尼亚的出版物、1794年以来的亚美尼亚评论和1846年以来的亚美尼亚杂志。此外还有新旧土耳其文、库尔德文及其他文种的文献。善本文献则分为历史类、文化类、古字体版和具有古董价值的文献。截止到本世纪初，该馆总藏书量为620万册（件），包括专著4 188 547册（件）；期刊140万册；现刊650种；摇篮本11 550卷；学位论文664件；乐谱124 124页；地图24 300幅；缩微资料5 914件；善本和档案性资料44 560件。除了收集传统资料，诸如图书、小册子、连续出版物、明信片、手稿、邮票和乐谱外，该馆也注重收集录音、照片、缩微品和电子资源，如激光唱盘和压缩光盘、DVD等。文献中俄文占69.7%；亚美尼亚文占22.6；其他文种占7.7%。该馆只提供在阅览室阅览，有馆际互借服务，需25美元。17岁以上该国公民携带身份证和照片即可注册为图书馆读者。目前注册读者有 3 万名，使用该馆 14 个阅览室中的 450 个座位。普通阅览室有 180 个座位，主要对象为大学生。1972 年扩大了研究人员的使用空间，人文科学及自然科学阅览室可同时接纳 120 人。另外还有信息与书目、精品艺术、音乐、善本、计算机、学位论文及图书馆学阅览室。每日接待读者在千人以上。

亚述巴尼拔图书馆：世界图书馆的“鼻祖”

根据考古学家的发掘，目前已知的世界上最早出现的图书馆出现在美索不达米亚——即亚述巴尼拔图书馆。这是现今已发掘的古文明遗址中，保存最完整、规模最宏大、书籍最齐全的一座图书馆。在时间上要比埃及著名的亚历山大图书馆早400年，而且由于泥版图书的特殊性，使其没有像亚历山大图书馆一样毁于战火，大部分遗迹都保存了下来。

亚述巴尼拔图书馆因亚述国王亚述巴尼拔而得名，亚述巴尼拔是亚述的末代国王，公元前668年至前627年在位。他自称为“伟大英明的世界之王”，在位时不仅使亚述帝国的疆域达到了极广阔的程度，而且也是一位尊崇文化、博学多才、爱书入迷的国王。在图书馆遗址的一块泥版上，可以看到他的一段自述：“我，亚述巴尼拔，受到智慧神纳布的启发，觉得有博览群书的必要。我可以从书里学到治国的本领。……读书不但可以扩充知识和技艺，而且还可养成一种高贵的气度。”因此，在他统治期间，在古都尼尼微修建了这座亚述巴尼拔图书馆。1849 年，英国业余考古学家莱尔德在发掘尼尼微的亚述王宫遗址时，在亚述国王辛那赫里布的宫殿里，发现了两个像是后来增建的、作为图书馆的房间。其面积之大、藏书之多，即使按现代标准来说，也完全可以称其为“图书馆”。亚述巴尼拔图书馆由此得以重见天日。

根据后来考古学家的考证和研究，人们基本了解了亚述巴尼拔图书馆的相关概况。图书馆的藏书大部分是从全国各地传抄的摹本，另一部分从私人处获得。在图书馆的遗址，曾发现了亚述巴尼拔给一些文官的训令，指示他们到各地去收集泥版图书。此外，亚述巴尼拔还雇有好多学者和抄写员，专门抄写各地的泥版和有价值的铭文。图书馆中的藏书门类齐全，包括哲学、数学、语言学、医学、文学以及占星学等各类著作，几乎囊括了当时的全部知识。其中的王朝世袭表、史事札记、宫廷政令以及神话故事、歌谣和颂诗，为后人了解亚述帝国乃至整个亚述－巴比伦文明提供了绝好的途径。尤其珍贵的是，在文学类泥版图书中，包括有世界上第一部伟大的英雄史诗《吉尔伽美什》，这是美索不达米亚文明所创造的最重要的作品之一。从图书馆的藏书情况来看，亚述人已懂得对各类图书进行分类和编目。对各类书籍，通常放在不同的位置加以区分。亚述的藏书官还在每块泥版上附上标签，标明该泥版所记载的内容。

“智慧之家”：见证伊拉克往日的文化辉煌

“智慧之家”亦称“智慧宫”，是伊拉克阿拔斯王朝时期巴格达的一所图书馆及翻译机构，代表了伊拉克文化曾经的辉煌。因为是当时翻译领域的重要机构，被视为伊斯兰黄金时代的一个重要学术中心。智慧之家由阿拔斯王朝哈里发哈伦·拉希德创建，在其子马蒙统治时最为鼎盛，马蒙在公元 813 年至 833 年间当政，因期间发展了智慧之家而备受赞扬。在 9 世纪至 13 世纪，许多博学的穆斯林学者都是这所教育研究机构的一部分。据历史学家介绍，“智慧之家”一词是萨珊王朝对图书馆的直译。智慧之家仿照了萨珊王朝的图书馆，以将波斯文书籍翻译为阿拉伯文及保存译本为主要目的。

在马蒙统治时期，天文台被建立起来，智慧之家当时是研究人文及科学学科的中心，包括数学、天文学、医学、化学、动物学以及地理领域。学者们借鉴波斯、印度及希腊的文献，包括毕达哥拉斯、柏拉图、亚里士多德、希波克拉底、欧几里得、普罗提诺、盖伦、苏胥如塔、阿耶波多、苏格拉底等人的著作，他们积累了世界上的各种知识，并根据他们的发现再加以扩展。在阿拔斯王朝时期，许多外国的波斯文献都被翻译成阿拉伯文，并兴建了大型的图书馆，欢迎来自拜占庭帝国那些被迫害的学者来图书馆进行研究。在泰西封（今麦达因）更建有一所御用图书馆。而在穆斯林征服波斯期间，许多作品都在根迪沙普尔学院被翻译。750 年，阿拔斯王朝取代倭马亚王朝成为伊斯兰帝国的统治者。762 年，曼苏尔建造巴格达，并将其作为新都（前首都是大马士革）。阿拔斯王朝对波斯带有强烈的偏好，采纳了许多萨珊王朝的做法，包括翻译外国文献，如前所述，很多波斯文献被转译为阿拉伯文。为此，曼苏尔仿照萨珊帝国图书馆建立了一所王室图书馆，即智慧之家。智慧之家原本只着重于翻译及保存波斯文文献，之后则将翻译的范围扩展至帕拉维文、叙利亚文、希腊文及梵文。占星学、数学、农业、医学及哲学的文献、书籍由此而被翻译。巴尔马克家族对接踵而至的复兴及保存波斯文化运动起着重要的作用，巴格达第一所造纸厂的建立亦归功于这个家族。阿拉伯人从怛罗斯战役俘获的中国战俘那里掌握了造纸术，在此前，抄写员都使用莎草纸或羊皮纸。纸张的引入使书籍及图书馆纷纷涌现，馆藏目录的理念亦在智慧之家及一些中世纪的伊斯兰图书馆推行，书籍被划分为不同的类型和范畴。在马蒙的资助下，智慧之家翻译文献的范畴扩展至数学及占星学，重点也由翻译波斯文文献转为翻译希腊文文献。马蒙任命侯奈因·伊本·伊斯哈格负责翻译工作，当时声名最显赫的译者是信奉萨比教的塔比·伊本·库拉。这个时期的翻译水平超出以往，但是在此后，一些新的想法变得更为重要，使图书馆对翻译的强调减弱。智慧之家在马蒙的继任者穆阿台绥姆及瓦提克的统治下持续繁荣，但到穆塔瓦基勒统治时期开始衰落。这主要是因为马蒙、穆阿台绥姆及瓦提克都依循穆塔齐赖派，而穆塔瓦基勒则遵循正统伊斯兰教。穆塔瓦基勒试图停止希腊哲学的传播，而希腊哲学正是穆塔齐赖派的重要理论。不过智慧之家并未消失，虽然当时并没有大学，智慧之家终究成为了学习的中心，当时传授知识并没有任何制度，由教师直接传授给学生。在 9 世纪，城市里开始出现伊斯兰学校。11 世纪，尼查姆·穆尔克创立了被视为第一所大学的巴格达尼查姆大学，该大学还被誉为“中世纪时最大的大学”。与其他巴格达的图书馆一样，智慧之家在 1258 年的巴格达战役中被摧毁。据传大量的书籍被丢弃在河里，使底格里斯河的河水被墨水染黑了达六个月之久。

安娜百年图书馆：最可持续发展的图书馆

2010年9月建成的安娜百年图书馆位于印度钦奈，是世界最可持续发展的图书馆之一。馆藏图书、期刊、手稿、电子和视听材料多达150万册，涵盖各个领域和学科。由于活动空间大，因此一次可以容纳1 000多名读者。它也是亚洲最大的图书馆之一，投资3 600万美元（合2.3亿人民币元），由C. R. Narayana建筑公司承建。纵观整个建筑，地板向外倾斜的玻璃墙高庭、屋顶出挑、棚架和金属百叶窗提供了独特的建筑特色。自然照明是设计时考虑的重点，建筑造型和形式、适当的定位和综合遮阳设备实现了最大与最小热入口的日光穿透。

特别引人注目的是，安娜百年图书馆的外墙使用了圣戈班离线可弯钢化阳光控制镀膜玻璃。这是一种高性能的太阳能控制和隔热玻璃，用过真空磁控和阴极溅射的方法在高质量的圣戈班透明浮法玻璃或本体着色玻璃上面镀上数层金属氧化物制成，生产工艺和镀膜材料确保了膜层的牢固性和耐久度。这些特点使它可以在被钢化、夹层、弯曲、彩釉等深加工的同时，依然保留其在美观和技术上的优势。它能够单片使用，也可以被用于膜层在第二面的中空玻璃。多种透光率提高了视觉舒适度，并通过光线过滤作用使阳光不再耀眼。绝佳的遮阳系数大大地减少了能量消耗，恰到好处的透光率使房间内有一个清晰的对外视野。如果将它与圣戈班高性能低辐射的玻璃组合使用，还可以达到最佳阳光控制和隔热效果。

因为大窗户很多，都朝着日光照射更强的东北方向，而且窗口能很好地遮阴，所以能在提供最佳自然光线的同时又不会带入热量。利用建筑物自身的阴影和植被，图书馆南面形成了使热量得到缓冲的地带。大片的园景区有助于切断噪音，还能够减少热岛效应。天窗设计科学，制作精细，有利于采集大量的自然光线，并且有效地渗透到馆舍内部。屋顶上面建有一个1 200个座位的优美露天圆形剧场，可容纳800人，它结构上的优势最大限度地减少内部热量的增加。

从设计安娜百年图书馆的第一天起，建筑师们就把环境保护和可持续发展作为第一要务，深深地扎根于头脑之中。精心选择可持续材料，其中就地取材和可以回收利用的超过60%。图书馆大楼宏伟壮观，高达9层，面积333 000平方英尺（合30 936.71平方米），其中包括一个设施最先进的50 000平方英尺（合4 645.15平方米）的礼堂和一个单独的15 000平方英尺（合1 393.55平方米）的儿童图书馆。两个阶梯教室（其中一个在礼堂上面）和两个大型会议室为举办各种活动提供了合适的空间。在LED灯的照射下，大礼堂、自助餐厅、宽敞的阅读室和国际标准的研究实验室显得格外的温馨宜人。

在馆内，各种再生家具和古玩配以悦目的颜色和装饰图画，烘托出一种既严肃又悠闲的阅读氛围。每个活动空间的规划和内饰，以适应不同类别读者的需求为标准，显得各有特色，与众不同。有意思的是，在馆舍里面，来自大自然的原生态物件（如树根等）随处可见。据说，这种布置意味深长，旨在提高读者对最可持续发展图书馆的认识。

安娜百年图书馆以其高效的空调系统、热回收轮毂、LED照明灯具、智能楼宇管理系统、低能源建筑材料、废水回收系统得到印度绿色建筑委员会（IGBC）的认可，被授予节能设计金奖评级。

冰岛国家与大学图书馆：国家馆与大学馆的完美结合

冰岛国家图书馆成立于1818年。1909年时有了自己独立的建筑物；当时馆藏4.5万卷，手稿1.4万件；根据缴送法，可获得冰岛印刷型和录音资料每种2件；全职员工30人。由几个部门图书馆合并而成的冰岛大学图书馆成立于1940年；坐落在冰岛大学主楼；馆藏34万卷；根据缴送法可获得冰岛印刷型出版物每种1件；有25个全职员工；大学分支图书馆16个。1957年议会决定将国家馆与大学馆合并。1966年教育部任命了一个委员会，建议将1957年议会的决议付诸实施，并在大学附近建造一座新的图书馆建筑物。1970年议会决定图书馆新楼应在定居冰岛1100周年的1974年兴建；任命了图书馆设计委员会。1972年确定由冰岛建筑师进行设计，并与英国图书馆建筑专家就空间利用进行磋商。1978年破土兴建。1981年铺设奠基石，混凝土结构完成，后十年工程进展缓慢，1991年上台的新政府决定在3年内竣工。1994年新建筑物竣工，冰岛国家与大学图书馆在 12 月 1 日开馆。

冰岛国家与大学图书馆是独立于大学的机构，隶属于国家教育科学文化部。有自己的管理委员会并受教育科学文化部管辖。作为冰岛最大的研究图书馆，为学生、教员、研究机构和公众服务。虽然部分馆藏仅限于在馆内使用，但大部分国内外藏书对用户开放，并可外借。作为国家馆，图书馆主要职能是保存冰岛的全部印刷品和录音制品，同时也收集国外出版的有关冰岛的资料，这些均供公众使用。该馆开展馆际互借，为欧洲图书馆联盟和国际图联成员。

教育文化部部长有权对图书馆业务工作、管理职责以及图书馆委员会的章程和会议召集进行调整。首先由教育文化部指定一个任期 4 年的 5 人图书馆委员会：其中两人由大学理事会提名；一人由冰岛研究理事会提名，一人由冰岛图书馆协会提名，部长挑选一人。部长任命其中一人为主席，另一人为副主席。该委员会决定图书馆政策，监督图书馆财务计划、工作进程及运作。图书馆总监、馆长和一名员工代表可以出席图书馆委员会的会议，并可发言和提出建议。委员会接受部长确定的报酬。国家图书馆馆长任期 5 年，馆长是由委员会从申请人中按能力挑选出来的，可连任一届。馆长负责日常运转并为图书馆代言人，起草年度计划、预算提交给委员会批准。经图书馆咨询委员会建议和馆长办公室及各组负责人协商，图书馆各部及属下的组可进行调整。

冰岛国家与大学图书馆约有印刷资料 90 万件，包括图书、期刊及其他资料。最重要的是藏书中含有大量外国资料，此外还有手稿 1.5 万卷。图书馆 1 层的冰岛国内出版物仅供在阅览室阅览；手稿收藏在 1 楼，经允许方能使用。图书馆免费向 17 岁以上读者开放，如外借需持有冰岛身份证并有冰岛的永久性地址；外国人侨居冰岛想进行研究，可向图书馆管理部门提出外借申请。

邓肯爵士图书馆入围 2013 世界建筑节

古老校园焕发青春

阿伯丁大学1495年创立于苏格兰的阿伯丁市，系中世纪创建的4所苏格兰古大学之一，也是全英校龄第5长的大学。其教学和研究质量举世闻名，已成为全球著名的教育和研究中心。该校拥有5名诺贝尔奖得主，其中包括胰岛素的发明者。阿伯丁大学的医学尤其享有盛誉，曾经开发出胰岛素和“核磁共振”技术。英国许多社会名流曾出任校监，其中有英国前首相丘吉尔。

阿伯丁大学位于风景美丽的苏格兰东海岸，校园内的古建筑群历经500多年的历史沧桑，目前仍在使用，构成了苏格兰风景名胜的一部分。阿伯丁大学为学生们提供了一个美丽的中央校区和各种各样先进的设施，如现代化的一流实验室、最新的计算机设施和刚竣工不久的大型图书馆等等。校园内体育设施齐全，有一个游泳池、多块运动场、一个心脏功能锻炼室、一个表演体操馆以及一个全新的体育中心。近年来，阿伯丁大学投入了2.4亿英镑（大约合22.24亿人民币元）建设供学生使用的各种资源，包括一个新的主图书馆和学生中心。

信息技术和计算机在阿伯丁大学得到了最广泛的应用，学校已成为一个无线校园。公寓大厅和图书馆都开设有计算机房，其中许多提供24小时服务。无论上课的教学大楼、实验室和图书馆，还是寝室、餐厅和其他生活区，校园各处的热点位置都可以接入无线网络。师生随时随地都能上网，快捷便利地把文件传输到教室的打印室，通过FTP访问文件夹，免费登录互联网或收发电子邮件。学校专门为计算机科学与工程的新生提供全新的笔记本电脑，预先配置无线服务，安装了课程软件、微软办公室软件和课程资料。学校还建立了一整套为学生们提供服务的网络，包括一个医疗实习处、一个学生顾问中心、一名国际学生顾问、多个礼拜堂以及保密的咨询服务等。学生入学后，校方保证为他们提供校内由学校管理的住处或校园附近的私有住处。

阿伯丁大学图书馆最早初见于1495年，由伊丽莎白二世和爱丁堡伯爵共同授权开放，储藏有超过25万本书籍和文献，是英国最古老的五大图书馆之一。后来随着办学规模的扩大和学生人数的增加，阿伯丁大学的图书馆服务由4个馆舍同时进行：泰勒图书馆（Taylor library）、福里斯特希尔医学图书馆（The Medical library at Foresterhill）、专门档案馆（The special archives）和太后图书馆（The Queen Mother Library，QML）。其中1978年建造的太后图书馆有6层楼（包括地下室），是英国为数不多的藏书量超过100万册的图书馆之一。2011年9月，阿伯丁大学又建成了一个新的图书馆，命名为邓肯·赖斯爵士图书馆，取代了太后图书馆，开始试运营。该馆占地1.55万平方米，为学校14 000学生提供1 200个阅读席位。档案馆、历史收藏品室和珍藏图书室专门储藏有很多比较珍稀和难找的资料和书籍，以方便学生某些特定领域的研究。

新图书馆锦上添花

2012年9月26日，邓肯·赖斯爵士图书馆正式开放。英国女王伊丽莎白二世亲临现场，为其揭幕。该馆由丹麦施密特·哈默－拉森建筑事务所（Schmidt Hammer Lassen，SHL）设计，是一座非常现代化的建筑。自运营以来，利用这座图书馆的学生数量大幅增长，一年当中的来访者超过了70万人次。

“新图书馆的落成开创了阿伯丁大学的新纪元，在校学生以及教职员工都受益匪浅。我们也非常乐意与当地的社会团体共同分享这一福利。这是一个令人自豪的卓越建筑，并且会在接下来的时间内为阿伯丁大学服务，同样也会为我们地区服务。”阿伯丁大学校长伊恩戴蒙德教授指出，“一个连接大学和城市并成为大学东西轴线西端起始的新公共广场也是这个设计的一部分，这个广场无疑大大增加了大学和周边社区的凝聚力。”

邓肯·赖斯爵士图书馆是阿伯丁大学组织的最大规模的募捐项目，历届校友以及社会各界慷慨解囊，无私捐助。工程耗资5 700万英镑（大约合5.28亿人民币元），整体构造是一个巨大的玻璃立方体。建筑设计师考虑到减少长期运行成本以及能源损耗，决定外立面用一系列隔热板和高性能的玻璃组成抽象的交叉图案。不规则的外表皮白天能够反射阳光，夜间可以透出光亮，构成了区域的一个发光标识。新图书馆成为学生和社区的文化中心，对于阿伯丁城来说就是一座灯塔。新图书馆。

由于在可持续性方面的良好表现，例如运营成本和能耗实现最小化，冲厕采用收集的雨水，最大化地利用自然光，去除空调设备，屋顶上安装了光电电池并结合了一系列智能管理系统，优化了能源策略，大面积的玻璃提高了隔热标准，并让充足的光照进入到中庭，由此获得了英国《环境评价法》（BREEAM）卓越级评分。

从精致盘旋的中庭设计，很容易看到施密特－哈默－拉森建筑事务所的设计特点。中庭连接着8层楼，以螺旋形状向上升至屋顶，每个底板切成摇摆不定的轮廓，如同动感的漩涡，形成视觉上的联系。建筑物内部的形式有机变化，而外表的形象清晰简洁，两者形成了鲜明对比。底楼是一个会见区，学生能在这里见面，喝咖啡，聊天或研究项目等等。一楼的休息室和咖啡馆可以举办展览，研讨会和诗歌朗诵等。

近日，邓肯·赖斯爵士图书馆又荣幸地出现在2013世界建筑节（World Architecture Festival，WAF）公布的本届入围名单中。入围建筑作品共有302个。据统计，2013年的世界建筑节收到来自60多个国家的近2 000位建筑师参与设计的作品。该项是世界上最大的建筑奖，今年举办的是第六届。2013世界建筑节隆重盛大的颁奖典礼于2013年10月2日～4日在新加坡滨海湾金沙酒店会议中心举行。

凭借空间的多样性、尖端的科技装备和超过100万册的藏书，邓肯·赖斯爵士图书馆向在校学生、教职员工以及大众提供极佳的阅读空间和最先进最前沿的研究环境，很便于自学，进行团队协作活动，主办研讨会，召开日常会议。新图书馆馆长克里斯·班克斯很高兴看到这样的进步，认为该馆以大胆和坚定的手法表现出阿伯丁大学的精神，能够吸引别的学校同仁前往，同样也吸引了本校的师生，成为社交和会谈的场所，也很好地展现了学校的特别藏品。

规模超大型，设备现代化：英国伯明翰图书馆正式开放

在伯明翰政府的“20 年大城市规划”中，伯明翰图书馆（The Library of Birmingham）被列为重要的市政建设项目之一，投资 1.888 亿英镑（大约合 18 亿人民币元），于 2013 年 9 月 3 日建成并正式向公众敞开大门，和毗邻的伯明翰 REP 剧院和交响音乐厅一起，成为该市的文化中心。

文化底蕴厚重

伯明翰是仅次于伦敦的英国第二大城市，位于英格兰中部西米德兰兹区域西米德兰兹郡，面积 208.8 平方公里，人口 101.3 万。这个国际化大都市地处伦敦至利物浦的铁路干线上，不但工业发达，文化繁荣。每年举办国际爵士乐节是英国最大的爵士乐节，伯明翰交响乐团和伯明翰皇家芭蕾舞团在世界上享有盛名。许多著名作家都和伯明翰结下了不解之缘。例

如，英国侦探小说家和作家阿瑟·柯南·道尔从1879年春天到1882年就住在伯明翰，因塑造了成功的侦探人物——夏洛克·福尔摩斯而成为侦探小说历史上最重要的作家之一，被称为“英国侦探小说之父”。在道尔的书中，提到的许多地方和人物都和伯明翰有关。在英国最伟大的小说家查尔斯·狄更斯的作品中，有《伯明翰市政厅》。《魔戒》的作者约翰·托尔金童年时代在伯明翰度过，他的父母就是伯明翰人。

说到伯明翰市，不得不提起伯明翰中央图书馆，是该市一个主要的博物馆，由音乐图书馆、伯明翰参考图书馆和其他类别的图书馆组成。这个图书馆归伯明翰市议会管理，是欧洲最大最繁忙的图书馆之一，每天接待读者五千多人，每年借出图书67万册。伯明翰中央图书馆建造于1974年，模样稀奇古怪，从远处望去酷似一座上下颠倒的金字形状的塔。由于比例失调，让人感到十分突兀，很不自然。尤其在图书馆的天井周围，货摊密布，肯德基等店铺林立，完全破坏了图书馆的读书氛围。

伯明翰中央图书馆出自当地建筑师约翰·马丁之手，最初的设想是把图书馆四周变为水景，以软化建筑物充满野兽派风格的硬朗外观。但是当主体工程完成时，上述构想因资金短缺而化为泡影，配套设施被迫中止。马丁始终坚持他设计的伯明翰中央图书馆在当时是最先进的，只可惜因为资金耗尽而成了以最丑陋的姿态向世人展示的“早产儿”。他一度不敢言及自己的作品，为自己职业生涯中的一大败笔而伤心不已。没有人理解马丁的苦心，各种批评纷至沓来，拆除图书馆的呼声一浪高过一浪。

在评论伯明翰中央图书馆时，有人称其为“英国最丑陋的建筑物之一”。英国王储查尔斯甚至断言，该馆像适合焚书而不是藏书的“焚化炉”。然而英格兰遗产委员会的看法却大相径庭，建议把“代表伯明翰一个时代”的中央图书馆评为二级保护建筑。有的建筑评论家客观地认为，虽然存在许多缺憾，但中央图书馆还是设计周到的。例如，廊柱和天花板颇有古罗马时期图书馆的风范，特制的家具富有个性。馆内冬暖夏凉，夏天不开空调，室温仍然保持在30℃左右。采光极好，但阳光又不会照射到书籍上。

新馆别具一格

2010年10月，伯明翰市议会批准通过了有关拆除伯明翰中央图书馆并以一个大型的办公区域取而代之的发展计划。新办公区、音乐会区、商店、酒吧餐馆和公共广场将会出现，和世纪广场连接。中央图书馆的关闭程序已经被启动，同时其馆藏资源被转移至世纪广场的新伯明翰图书馆。荷兰著名女建筑设计师法兰辛·侯班领衔的梅卡诺建筑事务所（Mecanoo）战胜了包括外国建筑事务所（Foreign Office Architects）、福斯特建筑事务所（Foster + Partners）、霍普金斯建筑事务所（Hopkins）、施密特·哈默－拉森建筑事务所（Schmidt Hammer Lassen）和威尔金森－埃尔建筑事务所（Wilkinson Eyre）在内的对手，获得了设计权。

经过3年的精心设计和施工，新伯明翰图书馆终于落成，由堆在一起的四个矩形构成，总建筑面积约3.1万平方米，是欧洲规模最大的公共图书馆。建筑师在设计其外观时，引用了伯明翰的珠宝象征，在金，银，玻璃外墙中添加了一个金属环结构，灵感来自于这个以前的工业城市的工匠传统。外立面大量使用透明彩色玻璃，并搭配交错的环形装饰，旨在反映城市的运河和隧道。整个馆舍外观精巧细腻，看起来轻盈又不失稳重。梅卡诺建筑事务所遵循可持续发展的建筑理念，给新图书馆设计安装了废水处理系统和地源热泵，比旧的伯明翰中心图书馆节能 50% 。

伯明翰图书馆高 60 米，共 10 层，每层的大小和用途各异，建有一个宽敞的入口、带夹层的前厅、带室内平台的低层区和四层公共区，开辟了阅览区、儿童区、音乐区、服务区、两层档案储藏室、莎士比亚纪念室、电影资料馆、艺术画廊、户外圆形剧场、会议室、员工办公室、咖啡厅和餐厅等，为多种族背景的伯明翰市民提供新的公共空间，预计每天能够接待 1 万名读者。

该馆中心区域布满了触摸式屏幕的计算机和不断变换着的展览，中央圆形大厅有壮观的书墙设计，占据好几层。自动扶梯把各个楼层连接起来，十分便利。公共区拥有良好的采光环境，显得宽敞明亮。户外圆形剧场与音乐区和儿童区相连，是极佳的户外表演场地。儿童区可用于休闲和交友，还有供祈祷者静思的房间。顶部平台设计成两个室外花园露台，不但可以让读者欣赏下面广场的景观，而且能够吸引昆虫和鸟类，有助于实现生物多样性。为了便于坐轮椅的人和推童车的家长进出，特别定做了 4 部宽大的公共电梯。馆舍外的空地种满了树木花草，可供人们休憩放松。

在取代了伯明翰中央图书馆后，新伯明翰图书馆接收了其所有的收藏，一共有 10 个书库。拥有的藏书和档案资料种类齐全，内容丰富，其中的伯明翰城市档案、伯明翰藏书、摄影收藏、早期精致印刷品、文学著作收藏和音乐收藏 6 大类史料具有国际意义。馆舍顶部的一个椭圆形空间被设置成莎士比亚纪念馆，有全球规模第二大的莎士比亚著作收藏。还拥有莎翁各个时期出版的 4.3 万本著作，其中包括第一版至第四版对开版本以及其他珍贵且稀有版本，最早的出版日期可以追溯到 1709 年前。伯明翰图书馆还与英国电影协会（BFI）合作创建电影资料馆，提供免费观赏国家电影资料的服务。

伯明翰图书馆是英国最宏伟壮观的公共图书馆建设项目，意味着英伦三岛拥有了自己的现代化超大型图书馆。根据规划，每年的读者人数将保持10%～15%的增长。数字化的发展和大众对图书馆阅读的更高要求对新馆建设提出了更殷切的期盼，伯明翰图书馆因此被重新定义。作为现代社会的图书馆里，不只是给读者提供纸质图书，信息化服务同样必不可少，这就需要图书馆扩展自身的角色和功能。

英国国家盲人图书馆：服务盲人成绩斐然

努力为视力障碍者带来福祉

英国皇家盲人协会（Royal National Institute of the Blind，以下简称RNIB）成立于1868年，是一个独立于政府的民间组织。当时，大部分盲人没有机会接受教育，不会读和写，无法就业，生活贫困。RNIB以普及盲文的使用为宗旨，通过一个多世纪的不懈努力，在研究和开发帮助盲人的无障碍技术和建立盲人图书馆等方面做出了巨大的贡献，为世人所称道。

RNIB的创始人托马斯·罗德阿米塔奇博士1824年出生于英国苏塞克斯，他曾经是一位成功的律师，但三十多岁时由于视力丧失不得不提前退休。在当时，他看到只有少数盲人接受过正规教育，大多数只能在大街上乞讨或者依靠他们的亲人提供食宿，于是决心将毕生精力投入到改善盲人生活状况的事业中。家境富裕的阿米塔奇博士意识到，光靠金钱无法解决诸如有关独立性的根本问题。要让盲人获得自尊和新的机会，只有通过教育、培训和就业来实现，视障者获得成功的唯一方法就是学会自己阅读和书写。

RNIB是英国最大的视障者组织，目前拥有三千多名员工，其中10%是视力障碍者，人们或许会认为这个比例是不是太低了。其实在英国，视障者可以在各个领域上工作，并不局限就业于RNIB。而且RNIB的董事会全部都是视障者，所以他们的决策能够代表盲人的权益。

RNIB一直在为无障碍事业奋斗，这种无障碍可以从该组织自身的人事制度说起。它在招聘员工时与其他机构有很多不同，比如一个视障者和一个明眼人同时来应聘，在同等条件下他们会优先考虑那个视障者。RNIB还有一个部门，会对所有的视障者雇员做一个评估，看他们需要哪些辅助设施。开会的时候，他们也会根据每个人视力情况，用一些方法使会议变得无障碍（如将字体放大或调响麦克风的声音等）。

积极做好语音图书服务工作

RNIB最知名的服务项目就是语音图书服务，现在是国家盲人图书馆的一部分。在战争年代，因受伤而双目失明的士兵学习盲文困难很大，强烈要求RNIB建立有声图书服务项目。在慈善组织的资助下，RNIB下属的国家盲人图书馆于1935年11月7日制作完成了第一批有声图书，其中包括阿加莎·克里斯蒂的《罗杰·艾克罗伊德谋杀案》、约瑟夫·康拉德的《台风》、希拉里·曼特尔的《狼厅》、道恩·弗伦奇的《亲爱的脂肪》和迪莉娅·史密斯的《烹饪绝招》等最受欢迎的几本书。它们用12英寸的虫胶唱片制作，唱片每分钟转24圈（而不是以后标准的75圈），每张唱片每面的时间长度为25分钟，录制一本小说一般需要10张唱片。

通过与作家协会和出版商协会的协调，RNIB 帮助有声读物服务部门解决了版权的问题。邮局也鼎力相助，在邮寄有声读物时只收很少的费用。到 1937 年 9 月，为了提高服务效率，有声读物服务部门把 966 台 24 转唱片播放器借给了视障读者，并随机附带了 42 种新制作的有声图书。77 年来，国家盲人图书馆用苯乙烯、磁带和特殊压缩的 CD 制作成近 8 000 万册有声读物，免费供 200 万视障人士使用。

2007 年元月，皇家盲人协会与国家盲人图书馆合并，成立了新的国家盲人图书馆，努力使视障的少年儿童和成年读者能够与其他明眼人一样获得相同的书籍信息和资讯。它提供大量的盲文、大字和有声的纪实和非纪实类图书，其中有未经删节的有声读物（均为专业阅读和专业录音）、大量的盲文读物（包括各种学习材料）、24 点的大字图书、RNIB 主办的免费双月刊杂志《继续阅读》和新书以及两月一期的免费新书目录等。

视障者现在除了可以使用国家盲人图书馆的 1.8 万种语音图书以外，还可以借阅用布莱叶盲文、木纹盲文、超大字体（24PT）和大字体（16PT）印刷的小说和非小说类作品，也能够同时毫无困难地从网上的参考资料中获益。

有声读物的推广已初见成效，目前已经有了 4 万名左右的读者。在国家盲人图书馆，无论新版式的图书如何受欢迎，盲文仍旧稳固地占据着阅读市场。有声读物读者在租借播放器和录音时间超长的 CD 光盘时，需交纳的 79 英镑年费。有声读物服务部门一年的经费开支为 400 万磅，大部分来自地方政府。

为了确保有声图书的种类能够不断增加，国家盲人图书馆一直和出版社保持着密切的合作关系。尽管如此，它们在出版前提供给用于慈善目的的录音文件还是太少，目前只有 5% 的图书被录制成有声读物，一本新的有声图书的制作成本大约在

2500 英镑左右。如果能在出版前就获得授权，那么有声图书就可以和普通图书同时上架了。

用网站推介无障碍版式图书

国家盲人图书馆已将 RNIB 主办的阅读杂志《继续阅读》上传到其网站上，以便让读者下载最新的杂志，全面了解 RNIB 服务部门的最新动态。杂志刊登专栏和书评，发布图书馆无障碍版式图书的新闻，这些版式包括了盲文图书、有声图书和大字图书。网站上还有定期更新的新书书目，以方便读者购买或借阅这些图书。

国家盲人图书馆网站不仅推广阅读，而且还宣传图书馆的图书。此外，还与一个叫做“阅读视角”的网站建立了链接，这一网站向专业人士、家庭、朋友以及其他读者提供无障碍版式的图书。网站上有个名叫“你的阅读选择”调查表，表中罗列了 20 个问题，请读者填写。利用调查表反馈的信息，图书馆工作人员可以评估视障读者可能的阅读需求，进一步有针对性地加以满足。国家盲人图书馆网站办得生动活泼，有时会播放反映读者生活和阅读习惯的系列视频。为了答复许多关于最新版式图书的咨询，网站开辟了电子书专区。

该馆的播客定期更新，或介绍有声图书读者借阅最多的图书，或组织已故著名作家的纪念专题，或发表对当代作家斯的访谈。

电子书给许多读者带来阅读上的便利，受益匪浅。国家盲人图书馆为此每月出版一期介绍这类图书的《电子书通讯》，将其直接发到订户的邮箱里。另外，还经常举办电子书推介活动。参加者可以看到不同电子书阅读器的演示，能向工作人员提出问题并及时得到答复。比如有人因为想学习来图书馆找教科书，就会建议他们与出版社联系借阅或购买电子版事宜。只要读者提出要求，出版社通常都会提供教科书的电子版本。

电子书阅读器的无障碍化也经历了不断改进的过程，刚问世时并不符合视障人士的无障碍要求，现在最新的机型有语音菜单，朗读效果也能达到有声读物的标准。不过，视障人士在“亚马逊”网站上买书时仍旧存在障碍。

英国国家图书馆：探索未来的变革与发展

互联网时代国家图书馆是否能有新的作为，其功能是萎缩还是不断发展？是故步自封还是被其他什么机构取代？由国家图书馆履行必要国家职能是否是经济和有效的方法。国家图书馆是否需要寻找新的发展之路。

上世纪末随着大英图书馆顺利地搬入了位于伦敦新馆址。围绕着这项在英国近百年来最大的公共建筑项目的争论和批评也大大减少，也逐渐为用户和参观者所接受。研究人员喜爱阅览室和提供更多的增值服务，参观者惊奇于这些图书展架、画廊和大部分的馆藏以一种更加符合国际标准的方式展示于大众。新建筑的启用表明了图书馆是一个国家文化、教育和经济成功的重要标志。

然而，大英图书馆也面临着如何满足更广大用户的不同需要和加速其数字化转换的问题，和如何规划其在未来数字世界的战略发展方向。

大英图书馆战略方向

作为英国乃至世界最重要的图书馆之一，他们也正在重新认识其未来网络中心的地位，并致力于成为在未来国内、国际图书馆界的多样化合作中重要参与者，为学者、研究人员和其他公共和私人部门提供及时完善的服务。并希望实现世界不同的知识、科学、文化遗产都能够较方便地得到和利用，致力于将大英图书馆的馆藏变成为每一个人可以“存取”的虚拟书架，不论他在工作场所、学校和家里。这意味着大规模的“e－战略”，包括数字化和更多地基于内容的数字化馆藏和世界范围内重要的信息资源的存取，更积极地使用和开发导航工具帮助用户，直接或通过相关教育机构和公共图书馆利用更广泛的公共信息资源。

以当前的工作为“e－战略”核心，巩固和加强先前已开展的工作。首先结合大英图书馆未来发展和任务，继续努力在电子时代确保英国有一个完善的缴存体系，与其他缴存馆合作完善和丰富这项工作的内容。同时，与出版贸易部门、缴存馆和政府有关部门一起协商建立一个非印刷型出版物志愿保存的实用规范和过渡性标准。

另外，也积极致力于馆藏数字化的新机会，正像英国下议院会议报告中提到的：我们强烈支持大英图书馆继续致力对重要图书和手稿数字化的工作，无论在那里，这些资源在互联网上都应可以自由地获得。并考虑通过发行彩票或政府基金给予最优先的支持。政府也应承诺将大英图书馆建立成英国乃至国际图书馆的中心，这将使大英图书馆馆藏成为一种全球性资源，而不仅为少量到馆读者所利用的，图书馆资源应尽可能多地为人们利用。大英图书馆迅速发展的不应对其法定的核心地位造成影响或削弱。

加强与教育学术机构的合作

在英国以及更广泛的范围内，与高等教育机构合作是优先的战略。尽管大英图书馆一直承诺建立高水平的采访，并保持最完整和全面的馆藏，有时是很难做到的，这需要建立一种广泛的合作，需要相互信任、对话和务实的态度，并始终坚持在为学术研究提供最有效的馆藏支持中，发挥图书馆的领导作用。英国的国家电子资源发行体制为大英图书馆建立与之对话提供了一个良好的发展空间。图书馆也可以分享为研究人员和学生提供改善服务所得到的发展和机遇，以及在为图书馆界更多用户提供服务中得到国家电子资源发行机构提供的许多优惠待遇。大英图书馆为学生和学术机构提供免费的最新到书提醒服务，包括1 500万期刊文章和会议录的目录信息，所有数据由大英图书馆提供，该项服务得到英国高等教育资助委员会下属的联合信息系统委员会和国家数据中心支持。

大英图书馆不仅把它看作为发展战略目标，也视为迎接各种社会文化变迁新挑战的原动力，变化过程中会遇到不同的问题，这当中图书馆也需要不断寻求合作伙伴，重新定位自己在国际、国内图书馆界的地位。通过数字化馆藏的发展可以延伸馆藏的使用范围，使公共图书馆和教育领域的关系更加密切，并将合作置于优先的地位，确保这些合作创新型计划具有国际先进水平和学术价值。

积极寻求更广泛的公共存取合作

英国下议院报告提到的，一个国家图书馆为大众提供更多的服务和功能定位，不会削弱其法定的核心职能。这当中如何完成履行好政府赋予的职能，拓宽公众使用图书馆的渠道对图书馆来说是主要的挑战。需要图书馆为一般公众提供一系列的参与活动，包括举办展览、公共讲座和论坛等。其中大英图书馆数字化馆藏的规模和发展速度将起到重要的作用。同时需要大英图书馆作为一个主要参与者与其他公共图书馆共同合作，通过公众网络、学习中心、和传统公共图书馆方式拓展信息存取手段，最终行动目的是在图书馆界发起一个合作、协作的运动。鼓励公共图书馆开放门户提供各种服务，使人们能更便捷地进入和使用地市图书馆甚至国家图书馆的资源，也希望把区域性的服务和虚拟的展览推向更广大的公众。

利用计算机模拟技术，为快速浏览精品馆藏资源提供了可能，也展示了如何利用新奇的多媒体技术使馆藏可为更广大的读者利用的方式。一些重要珍贵的手稿原件被数字化，供大众长期使用，今后在我们数字化战略中会不断有这样或类似的项目完成。通过数字资源开发网络还可以改善电子国家书目资源的质量，也扩大了编目方面合作渠道，进而使大英图书馆可以通过其与世界各国图书馆的特殊关系丰富国家电子资源发行体系的内容。今后几年，一个泛欧洲的国家数字图书馆计划将整合主要国家图书馆数字资源，借助技术和商业手段提供更广泛的开放、无缝、多语种的资源存取。

现状与问题

一方面是国家图书馆的功能受到来自 IT 界的威胁。信息技术改变了原有出版物概念、内容和方式，过去一些完全在出版社内才能完成的工作，现在通过网络可以得以解决。一个时期内，国家图书馆仅收集印刷型出版物，而没有掌握全国的所有出版物的记录。如非书型媒介，不是所有国家图书馆都采集，馆藏条例的限制使这些形式的出版物将会缺失。即使馆藏条例允许，实际执行中也几乎不能收全，同时经费上也是达不到的。另外，出版业也向其他行业一样受全球化的影响，许多出版物人们不能知道它在那或由谁来出版。这也是建立全球化国家书目过程中遇到的问题之一。

全球化使各国似乎没有必要建立全面综合级馆藏，包括印刷型出版物，不论是有选择性收藏还是全面收藏，集中保存还是分散保存。大英图书馆在积极加强出版物的实际采访数量，以最大限度满足不同方面的需求，但随着越来越多重要图书馆建立联机目录和重视向其他图书馆开放他们自己的馆藏图书，使这种国际间的存取访问将得到改善。

所有图书馆都受到来自 IT 行业的影响，同时也面临着挑战和机遇，特别是那些致力于直接存取的图书馆。一些观点认为：最终对图书馆不会有本质的影响。因为公共图书馆在资金支持、启迪教育和娱乐功能方面有其自身的优势。而专业图书馆在通过网络为学生和研究人员提供服务方面获得生存和发展。另一些观点认为图书馆将转变为一种新型组织，但这将是一个渐变的过程，一些新的功能增加另一些老的功能消失，达到众多不同层次的用户以不同的方式参与到信息交换获取中去，最终是转变为信息的存储者和提供者。

未来国家图书馆应有所作为

国家图书馆也同样面临着挑战和机遇。不仅要面对政府政策和措施的调整，以及读者需求变化，IT 技术的发展为一般图书馆参与国家图书馆的竞争提供了机会，包括采访、编目、建立书目记录供用户和其他图书馆使用以及资料的提供方面。大英图书馆像其他重要的机构一样，面对着大量的社会批评和监督。虽然这当中的原因各国有所不同，一些国家图书馆开始不断扩大其业务范围，但有时很容易受到来自各方面的非议，因为如果赢利有悖于办馆方针初衷，如果亏损图书馆方面也无法长期进行下去。机遇对于国家图书馆确实存在，即谋求与其他馆建立广泛的联系、寻找更多的合作空间，并立足从开发本馆馆藏中寻找发展机会，突出搞好分工合作和资源共享以及有特点个性化服务。

从实用主义的观点出发，应该是需要什么做什么，但事情不可能一切从头开始，那就应找到更经济和有效的方法发挥现有国家图书馆的功能。使最优秀的东西得到保护和利用，这对于国家图书馆发展不应成为负担或带来损害，因为它的主要的任务就是传承文明，好的国家图书馆应该是民族优秀文化最佳保存地。

基于这些原因，国家图书馆的基本功能和作用将继续存在下去；但是应有所发展和创新，保持尽可能广泛的采访计划使之成为世界范围收藏的组成部分，要有选择性保存电子出版物，并能有效地体现出各自国家图书馆馆藏特点。不论如何变化，维护和保存馆藏并致力于开发利用他们将是一个重大的问题。毫无疑问，一个优秀的国家图书馆将能够在不断探索未来各种可能中不断发展壮大。

红色电话亭微型图书馆：对废旧电话亭的最佳再利用

在英国众多的经典特色建筑中，耸立在街头的红色电话亭十分引人注目。它们为英国社会的经济发展和人们生活的改善作出过重大贡献，成为许多历史悠久地区的标志性设施。红色电话亭出自1936年英国著名建筑师加尔斯·吉尔伯特·斯哥特之手，为纪念国王乔治五世统治25周年而设计的。电话亭的颜色为“邮政红”，与英国邮政信箱的颜色相一致。这些红色电话亭曾是英国的标志性形象，也是游客们争相留影的街头一景。

八年前，英国全国共有约1.7万个电话亭，但如今英国几乎人手一部手机，58%的电话亭已不再盈利，其中10%的电话亭一个月才被使用一次。

英国电信公司深谋远虑，没有简单地处理这些废旧的电话亭，而是在拆除了里面的电话机后，将其向各地社区开放。居民只需象征性地花费1英镑便可“认购”，将电话亭买下并改造成自己想要的设施。英国电信公司收到了来自社区的770份购买电话亭的申请，到目前为止已将350个电话亭移交给社区。

电信公司此举既可以回收利用废旧电话亭并将其变废为宝，符合环保要求，又能够保留具有浓郁英伦风情的景观，满足人们的怀旧之情，还为当地居民提供了免费的文化服务。据统计，在被改造的1 500个废旧电话亭中，有的成了小型饮料吧，有的变作公共休息室或街头艺术装置，有的则华丽转身，成为颇受欢迎的微型图书馆。

在英国特鲁罗市附近的波因特村，有一个废旧的红色电话亭。村民玛格丽特·威尔逊因使用多年而对它恋恋不舍，将其认购后改成一个微型图书馆。现在已经正式对公众开放，虽然不提供电话簿，但却摆满了传记、小说和非小说类出版物。一家企业十分看好这个颇受欢迎的英国最小的图书馆，正计划将其扩大。村民威尔逊感叹道："这真是太好了，我是它的忠实读者。虽然我家里存书不少，但我还是喜欢跑到这个图书馆来。"

鲍勃·杜比是索默塞特市韦斯特伯里的一位村民，他把认购的废旧电话亭改成全天候使用的微型图书馆，为大家浏览和选择图书、DVD和CD提供了极大的便利。"微型图书馆起到了真正的作用，里面的图书有一百多册，而且图书在不断更新。"杜比介绍说，"图书总是摆得满满的，因为任何人都可以前来拿一本书，与此同时必须还回自己已经阅读过的一本书。原来街头的废旧电话亭就这样被改造成微型文化设施，为村民们提供了一种新型的社区服务。"

不久前，格洛斯特郡居民卡罗琳·多兰把自己以1英镑的价格认购的废旧电话亭也变成了一个微型图书馆，收集有当地许多居民提供的书籍。多兰说："我们的形式很随意，如果你喜欢这儿的书就可以过来拿，什么时候想还了再送回来。”斯图·多克里是该郡负责废旧电话亭翻修和维护的工作人员，他看到公众如此用心地保护和改造传统的废旧电话亭，十分欣慰地说“人们没有眼睁睁地看着‘老英国’的东西垮掉，而是花心思把它变成宝贝疙瘩，珍惜和利用它，为人们带去知识和快乐。我敢断言，废旧电话亭里的微型图书馆在未来一定会大有作为。”

在萨莫塞郡的一个小村庄，去废旧电话亭里的微型图书馆排队借书已成为当地流行的文化活动。电话亭的木制书架上，摆满了包括食谱、旅游手册、经典小说、儿童读物等在内的书籍和一些音像制品，全天 24 小时开放。为确保电话亭有足够的书可供循环借阅，管理者规定每人每次来借书时都不能两手空空，必须带一本书前来交换。对于无法交换出去的图书，图书馆管理者会将它们捐给慈善机构。

在英国，有些地区缺乏公共图书馆，或者因为财政削减而关闭了图书馆。居民们利用废旧电话亭改造成图书馆，通过自发的图书借阅活动，极大地丰富了当地的文化生活。许多地区目前都制订了改建废旧电话亭项目的计划，可以预料会有越来越多类似的微型图书馆的公共文化设施在英国城乡出现。

剑桥大学图书馆：世界上规模最大的图书馆之一

剑桥大学图书馆是世界上规模最大的图书馆之一，也是一座历史悠久的图书馆，至今已有600余年的历史。该馆创建于1424年，当时仅有76卷捐赠的图书，而在16世纪宗教改革运动之前一直由大学的牧师会兼管，直至1577年才专门聘任了图书馆员和馆长。该馆早期的馆藏几乎完全靠捐赠来充实，1617年开始采购图书，1662年开始收藏出版商呈缴的样本。1709年英国颁布《版权法》，正式规定凡本国出版的图书都要免费缴送给剑桥大学馆，从而使图书馆馆藏迅速增加。由于馆藏日益丰富，该馆在18～19世纪曾起到国家文献贮存中心的作用。针对学校教学和研究的需要，剑桥大学图书馆除注重文献资料收集的平衡外，重点收藏人文科学馆藏，其次是法律、科学与技术方面的文献。目前，共有各类藏书600余万册，为学校的教学与研究提供了重要支持。著名的特藏包括艾克顿文库（约6万卷）、乔治一世赠予的皇家图书馆文库（3万卷）、达尔文收藏的图书及其笔记等手稿、英国著名学者如鲍德温、克鲁等人的论著、手稿和剑桥大学的学位论文等。该馆的一批中文藏书也很引人注目，该馆中文部藏有商代甲骨、宋元明及清代各类版刻书籍、各种抄本、绘画、拓本以及其他文物，其中包括明版《丹溪心法》的零册，清初抄本《明实录》、清抄本满文《养正图解》、明刊孤本《异域图志》以及非常稀见的太平天国出版物等，还有《永乐大典》原稿两册。

剑桥大学图书馆的使命是提供世界一流的图书馆信息服务，以满足本校、全国以及世界学术界的需求并支持剑桥大学的使命——通过对世界最高水平教育、学习和科研的追求贡献社会。该馆不仅为本校学生和研究人员、教学人员服务，也为英国议会的议员服务。总馆下设有科技期刊图书馆、医学图书馆和法律图书馆。此外，剑桥大学的各系和各学院都分别设有为本系和本学院学生服务的专业图书馆。其他系或学院的学生如使用这些图书馆需先提出申请或通过馆际互借。

切塔姆图书馆：英国现存最古老的公共图书馆

建于1653年的切塔姆图书馆地处曼彻斯特市中心，这个中世纪的砂岩建筑物曾经是1421年盖的一座监狱和军械库。据说，该图书馆的建立是为在英格兰西北部的人们提供一个独立学习和研究的场所。

时至今日，这座古老、陈旧、淹没在现代化大都市建筑群中的小图书馆表面看上去再普通不过了，难以令人产生兴趣。但是它那富有传奇性的历史、独特的管理方式和别具一格的收藏，却使其充满了历史的魅力，每年都吸引着成千上万的专家学者。马克思、恩格斯、道尔顿、焦尔等许多历史名人曾光顾过切塔姆图书馆，《简·爱》的作者夏洛蒂也对它情有独钟。

切塔姆图书馆由一位名叫汉弗莱·切塔姆（Humphrey Chetham）的成功呢绒布匹商捐资兴建，他在遗嘱中郑重交待，图书馆应该“供学者和其他受到学者影响的人使用”，馆员“不得对来到图书馆的任何人提出要求”。

该馆的图书馆员开始为曼彻斯特和周边地区的医生，律师和神职人员收集知识涵盖面十分广泛的各类图书报口，但后来随着越来越多图书馆的出现，切塔姆图书馆改变了馆藏采访政策，以收集英格兰西北部地区的著作为主。统计数据表明，在12余万件印刷品中，有一半多是1850年以前出版的，其中包括16和17世纪的印刷作品和期刊，还存有40多件珍贵的中世纪手稿。至于现代手稿，那就更多了。

在初期收购的图书中，有许多是旧书。例如，在1655年，买下了本·琼森收藏的柏拉图（Plato）的著作。柏拉图是古希腊伟大的哲学家，也是全部西方哲学乃至整个西方文化最伟大的哲学家和思想家之一。一本亨利八世读过的《阿基坦1539年的繁荣》（1539 Prosper of Aquitaine）用白色鹿皮包装，在1674年的收购价为8先令。尽管这些印本价格看似便宜，但却有很高的学术价值。

切塔姆图书馆网站指出："对于特别理想的版本，我们不惜用巨资收购，如曾用20英镑重金买下了一套8卷的《圣经》（Bible）。相比之下，切塔姆图书馆最早的馆员加上食宿一年的薪金也不过只有10英镑。"

该馆收购的第一本书是圣奥古斯丁（St Augustine）的作品集，用了7英镑。圣奥古斯丁是古罗马帝国时期基督教思想家和欧洲中世纪基督教神学、教父哲学的重要代表人物。馆藏中还有许多珍贵的初版图书，如塞缪尔·约翰逊（Samuel Johnson）1755年出版的《英语词典》（Dictionary of the English Language），这位英国作家、批评家和词典编撰者历时7年才编撰完成。英国诗人和政论家弥尔顿（Milton）1667年创作的长诗的《失乐园》（Paradise Lost），以史诗一般的磅礴气势揭示了人的原罪与堕落。德国人文学者哈特曼·舍德尔（Hartmann Schedel）1493年7月12日在纽伦堡出版的《纽伦堡编年史》（Nuremberg Chronicle）16 世纪英文版，这部世界历史著作以圣经为基础记载了历史上的许多事件，是早期编制最完善、出色地将图文混排的印刷书籍之一。为了防止珍贵的史料文献被盗，切塔姆图书馆曾经采用铁链把图书锁住的方法。

切塔姆图书馆现在不但是英格兰西北部的学习和研究中心，而且还成为受欢迎的观光胜地，每天慕名而来的国内外游客络绎不绝。汉弗莱.切塔姆的贡献并不仅限于促进了当地教育的发展，他还创办了切塔姆医院和一所寄宿学校，以帮助战胜贫困，这所学校现在成为音乐专业学校。

当地居民琼·贝克韦尔（Joan Bakewell）颇为自豪地说："切塔姆图书馆曾经是现在仍然是全国最优秀的 17 世纪的图书馆之一，我的祖父、父亲和我都与切塔姆图书馆结下了不解之缘，是在爱书的氛围中长大成人的。在一个孩子的生命中，图书馆的重要性不可低估。"

英国少儿馆馆藏资源的新成员——宝贝篮子

宝贝篮子（treasure basket）是目前英国少儿图书馆中针对低幼儿童提供的一类新型馆藏资源，适用于3岁以下的孩子。因为通常用一个篮子盛放各种东西，所以叫做宝贝篮子。篮子中的宝贝并不是什么值钱的东西，而是我们非常熟悉的日常生活用品或一些小零碎，通常分为以下几类：自然物品，如鹅卵石、贝壳、羽毛、柠檬或苹果；皮革、纺织物、橡胶、塑料、玻璃制品和毛皮，如皮革的钱包、彩蛋、毛线球、粉扑、皮球、橡皮管、网球、高尔夫球、小泰迪熊、玻璃弹球、糖纸、软木塞、海绵、杯子盖、小布袋、香囊、小垫子、牙刷、油漆刷等；木质物品，如小盒子、拨浪鼓、竹哨、衣夹、木勺、冰糕棍等；金属物品，如金属勺、钥匙、三角铁、金属蛋杯、滤茶器、笊篱等；纸张或硬纸板，如有螺旋圈的小笔记本、防油纸、锡纸、硬纸板盒、厨房纸巾的卷轴等。这些东西在成人看来有的可能就是生活中的废弃物，但对孩子来说却都是宝贝，尤其对低幼儿童来说，这是他们认识周围世界的一个非常有效的手段。

宝贝篮子是根据英国儿童早期心理学专家 Elinor Goldshmied 的启发式玩耍（heuristic play）理论发展起来的，她通过长期对家长和孩子的观察发现，通过摆弄日常生活中的各种熟悉的东西能够刺激孩子感官的发展，帮助他们认识周围的世界，于是她发明设计了宝贝篮子。这个宝贝篮子是专门针对刚刚能够坐住还不会爬的低幼孩子，因为这个年龄段的孩子主要通过吮吸、抓取、触摸来认识事物，所以与各种不同质感、不同功能、不同形状的事物反复接触能够促进他们感官和认知等方面的发展，同时还能激发想象力。不过针对宝贝篮子这种形式也有不少家长表示担忧，如此小的孩子如果吞咽这些小东西太危险了，Elinor Goldshmied 通过实际的录像观察向家长们显示，孩子是多么的专注和喜欢他们的宝贝篮子，他们会试图将这些东西放到嘴里去吮吸，但他们并没有做出吞咽的举动。当然宝贝篮子的东西要经过家长和馆员的精心挑选，一些有锋利边角或是存在危险性的东西就不要放到篮子里，此外家长和馆员需要在孩子玩耍的过程中进行必要的监管，确保孩子的安全。

宝贝篮子在上世纪 90 年代出现之后，成为 3 岁以下儿童非常喜爱的一类资源，在英国的低幼儿童图书馆和家庭中非常普遍。我们的少儿馆目前开始出现针对低幼儿童的服务，除了传统的资源类型外，一些受孩子们喜爱的玩具、手偶等特殊资源类型也成为馆藏资源的一部分，但却少见宝贝篮子这种形式的资源。对于宝贝篮子这种形式我们不陌生，很多人小时候都有过玩过家家的经历，那时会试图用手头的各种小玩意去模拟各种生活场景，玩的非常开心，这与宝贝篮子的道理非常相似。我们自身的美好记忆，使我们相信孩子也会非常喜欢这类资源，或许不久我们的少儿图书馆中也会出现宝贝篮子这个新的成员。

伍斯特市公众和大学图书馆：让市民和学生共同享用

提供最重要的学习资源

伍斯特市位于英格兰中心，享有“最适合生活的城市”的称誉。交通极为便利，通过市内的火车和大巴，可以到达英国任何城市。这座城市既有豪华的购物中心，又有历史悠久的教堂和市政厅，很好地把现代气息和悠久历史结合在一起。在平静流淌的塞文河畔，常有天鹅聚集，自然美景更是让人赏心悦目。

坐落在伍斯特市的伍斯特大学是英国公立大学，建校于1946年。共有在校学生近万余名，分别来自英国、欧洲、美国、澳大利亚和亚洲等，是真正的国际大学。目前拥有6个院系，在70多个专业上授予学位。作为英国教育部认可的教育培训中心，伍斯特大学担负多项英国国家队及奥运会运动项目的研究培训任务，享有很高的声誉。

在英国的大学里，利用图书馆进行案例查询和分析研究是最重要的学习方法之一。因此学生们在图书馆渡过的时间，会超过在课堂听课的时间。图书馆提供了最重要的学习资源，与此同时也是一所大学综合实力的最好体现。

在伍斯特大学校园内，已经拥有一所藏书超 10 多万册和配有先进多媒体的图书馆。近年来，又增加全欧洲独一无二的 PUBLIC & UNIVERSITY 图书馆（公众和大学图书馆），又称作“蜂巢”图书馆。投资 6 000 万英镑（大约合 5.6 亿人民币元），不但藏书百万，而且运用最先进的电子、媒体和网络阅览方式。这是全世界第二所此类图书馆，伍斯特大学有幸成为拥有此类图书馆的唯一欧洲大学。

由于是英国伍斯特郡和赫里福德郡唯一的大学，伍斯特大学的学生无论在学习还是工作上都可以独享这两个郡治区里的所有资源，其中包括政府基金、企业支持和实习机会等。近年来，郡政府和市政府确定了逐步把伍斯特大学打造为英国一流顶尖大学的目标，并全程进行资金投入。伍斯特大学一个投资近 2 亿英镑（大约合 19 亿人民币元）新校园的落成，正是得益于当地政府的大力支持。

让市民和学生共同享用

“蜂巢”图书馆是伍斯特郡和伍斯特大学共同努力的结果，现已成为市民和学生共同享用的新的文化设施。双方在米德兰西部经济发展署的支持下，实现了为整个社会提供一个可以使用的综合设施的愿望，成为一个在欧洲最令人兴奋的新图书馆。

有趣的是，这个 PUBLIC & UNIVERSITY 图书馆之所以选用“蜂巢”图书馆这一名称，一方面在于生动地反映了建筑物的外观。建筑师大胆构思，设计出有与众不同的金黄色“蜂巢”形状，已经成为伍斯特市独特的地理和文化标志。另一方面寓意深刻，以蜜蜂的勤劳和合作精神比喻图书馆的功能，启发人们增强社区意识，认真读书学习，积极参加公益活动，勇于发明创造，让生活变得更加丰富多彩。

近年来，随着城市的发展和人口的增加，原来的伍斯特市图书馆无法与之适应，急需改造升级，提高服务水平，以满足未来图书馆用户的需求。与此同时，为应对伍斯特大学办学规模的扩大，发展新城区校园以改善学习资源势在必行。因此，伍斯特郡和伍斯特大学2004年10月走到了一起，开会讨论如何着手创建PUBLIC & UNIVERSITY图书馆的事宜。在当时，供学生和市民共同使用的这种图书馆模式是独一无二的，英国也没有先例。

在这次会议上，大家取得了重要的共识：将“蜂巢”看做是伍斯特市的延伸和扩展，把伍斯特大学新城区校园实实在在地链接起来；城市中心是“蜂巢”的一侧，新城区校园是“蜂巢”的另一侧，政府和大学的密切合作将进一步加强和巩固这种关系。双方一拍即合，成为互惠双赢的伙伴。

荣获RIBA优秀建筑奖

2009年，经伍斯特大学理事会和伍斯特郡政府批准，加利福特-特里被确定为首选承包商，负责“蜂巢”图书馆的具体融资、设计和建设。总部设在巴斯市的布雷德利建筑事务师设计出蜂巢形状的PUBLIC & UNIVERSITY图书馆，创新的设计赢得了国际创成式设计灵感创新奖，并且入围全国最佳设计项目和最佳地方政府项目奖。2010年，“蜂巢”图书馆在市中心一块被遗弃的地开始动工兴建。2012年7月2日竣工后第一次向公众开放，成为伍斯特市独具匠心的地标。在2012年7

月11日"蜂巢"图书馆的正式开馆仪式上，英国女王伊丽莎白二世亲临祝贺。

"蜂巢"图书馆共5层楼，占地1万平方米，内有800个阅览室和研究室。藏书25万册，书架的总长度为19公里。每年读者超过100万，开馆第一年借阅的图书超过100万册，

"蜂巢"图书馆用可持续材料建成，欢迎任何人进出。每个区域使用不同的色彩、灯光和音响效果，以体现其特色和功能，为使用者提供安全舒适的环境。作为伍斯特郡未来公共建筑的样板，遵循节能环保的理念，大量使用可再生能源和再循环设施，对馆员、师生和市民进行潜移默化的教育。不论建筑物的结构还是内饰，尽可能地减少机械系统的应用，把对环境的影响降到最低。全部采用良好的密封和绝缘设计，科学装配玻璃和遮阳装置，以避免意外的损失。

为了确保用户在整个建筑物感到惬意舒坦，"蜂巢"图书馆最大限度地利用自然采光和通风。严格选择建筑材料，尽量减少它们在加工装配和最后交付使用等环节中能源的消耗和有毒物质的产生。在可能的情况下，在当地采购可回收的材料。建筑物使用寿命到期后，整个框架设计和内饰面料能被回收利用。先进的节水装置可减少水的使用，污水能回收利用。

在政府的投入和支持下，"蜂巢"图书馆把设施和服务加以整合，提供最优质的服务，受到市民和学生的欢迎。现在，人们可以从大教堂的人行道出发，穿过市中心到达"蜂巢"图书馆，然后进入伍斯特大学的新城区校园，自行车共享计划的实施更为市民往返校园提供了便利。越来越多的校内外读者从中受益，发现它把大学和城市之间有机地联系起来，所发挥的不仅仅是一个图书馆的作用。不久前，"蜂巢"图书馆和另外42个项目荣获英国皇家英国建筑师学会（RIBA）颁发的优秀建筑奖。